すきっとした気分で暮らすために

すきっと skitto Special Edition

火のように 水のように 風のように

生きる人たちのインタビュー集

道友社編

道友社

すきっと スペシャル・エディション

火のように水のように風のように
生きる人たちのインタビュー集

【はじめに】

すきっと生きたい
すきっとした気分で暮らしたい

〝すきっと〟という言葉のニュアンスには、
癒《い》やしや慰めに安住するのではなく
そこから立ち上がり、一歩踏み出す積極性
そのような心勇んで歩み始める姿勢が感じられます。

すきっとした気分で暮らしたい
自分だけではなく、自分も人も共にすきっとした気分で暮らすこと
『すきっと』は、そんな生き方を提案しています。

『すきっと』11号の発行にあたって
これまでに掲載されたインタビューや対談に、
新たな企画を加えて、スペシャル・エディションとしてお届けします。

あたたかい言葉
心にしみる声
さわやかな笑顔
火のように、水のように、風のように
すきっと生きる人たちの魅力に触れてみてください。

目次

目次

目次

第三部 風

第一部 火

Interviews with people who live like fire

夢は叫ぼう！
きっと誰かが聞いている。

萩本欽一

茨城ゴールデンゴールズ監督

Hagimoto Kinichi

1941年、東京都生まれ。高校卒業後、浅草の東洋劇場に入る。66年、「コント55号」から時代の寵児《ちょうじ》となる。その後、ラジオ・テレビ番組を多く手がける。80年代前半の『欽ドン』、『欽どこ』、『週刊欽曜日』の合計視聴率が100%を超え、お笑い界のトップに立つ。85年に休養宣言。その後も「欽ちゃん劇団」、映画「欽ちゃんのシネマジャック」、長野オリンピック閉会式の総合司会などで活躍。2004年、アマチュア野球のクラブチーム「茨城ゴールデンゴールズ」を結成。ゴールデンアロー賞、テレビ大賞、ギャラクシー賞、ブルーリボン賞など受賞多数。

お笑い界の大御所が、野球界の活性化をねらって、アマチュア野球のクラブチーム「茨城ゴールデンゴールズ」を結成。その人気は野球界にとどまらず、社会現象化している。野球監督の視点から見た野球、人生、そして夢とは……。

Hagimoto Kinichi

みんなで野球をにぎやかに

僕は以前、定時制高校野球を応援していた時期がありました。天理高校の二部が優勝したときのこともよく覚えていますよ。

定時制高校野球って実に面白い。プロ野球とちょっと違う野球の面白さがあります。まず負けて悲しいチームがない。神宮《じんぐう》球場を目指して頑張ってはいても勝つためだけにやってるんじゃない。みんなに共通しているのは明るさですね。だから一回戦で負けると、誰《だれ》が喜ぶかといえば監督。「欽ちゃん、これで赤字にならないよ」。生徒たちも「俺《おれ》たち偉いだろ。先生を辛《つら》い目に合わせないで帰るんだから」と、さわやかに帰るし、時間が押してナイターになったら、監督と選手が「こんなに明るいところでやったことない」。「電気をもっと消せば俺たち勝ったのに」。こんな明るいナイターでやったから、明るすぎて負けたっていうんです。

小さなことで幸せを感じている。僕のクラブチームは定時制野球と同じですよ。みんな一生懸命働きながら集まってきてやっている。僕の野球の精神はそこにあります。

野球にリーグ戦とトーナメント戦しかないということが、今の野球が面白くない原因じゃないかな。高校野球では、野球を通して健全な青少年をつくるといいますが、強さだけの優勝だと、それに向かってずるくもなるし、卑《ひ》怯《きょう》にもなる。野球をやっている子供たちをもっといろんな形で評価してやってもいい。

トーナメント戦というのはつまんないですよ。一回負けると終わっちゃう。高校野球も何千校とあって一校しか喜べない。宝くじなら当たり一本しかない。何千校とあったら当たりは三十本くらいあっていいんじゃないでしょうか。『オールスター家族対抗歌合戦』みたいに、アットホーム賞とか高校野球にあったらいいですね。『欽ドン』でも、バカうけ、ややうけとかありました。

あんなに一生懸命、あんなにたくさんの参加があるんだから、もうちょっと賞をあげたい。敢闘賞とかファッション賞とかね。九人だけで一生懸命戦ったから、さわやか九人賞。強打者に向かっていって、四本ホームラン打たれたら正々堂々賞。走り込んで審判がセーフって言ったら、「すいません。僕、どうしても自分がアウトだと思うんです」って正直に言ったから、正直チーム賞。このチームは正直賞を狙《ねら》っているねって分かる。僕はこんなチームは優勝と互角のカップをもらってもいいと思います。野球が将来そんな形に変わっていけたら素晴らしいですね。

自分が成功したら
たくさん喜ぶ人がいる、
というのが〝夢〟。
達成した本人だけが
うれしい、
というのが〝目標〟。

Hagimoto
Kinichi

萩本欽一

最近、いろんな資本が干渉を仕掛けて、野球が大変だって言いますが、みんながもう一つ手前のことに気がついていない。それは野球があまりにも長い間、王様だったってことです。七十年くらいスポーツの王様で、テレビの王様で、娯楽の王様で、あらゆるところの王様だった。でも今はそんなことが通る時代じゃない。つまり意見が言えるようになった。だからいろんな資本が出てくるのも、ある意味では意見を言いにきたのであって、別に悪いことじゃない。

怒る人がいて、賛成する人がいていいんですよ。何の話題にもならない、誰も意見が言えない、それでは困ったものです。みんなの意見で野球がにぎやかになる。にぎやかになることから、野球人口が増えていくんですから。

チャンスは人が連れてくる

誰でも人生にはチャンスということがあって、そのチャンスを活《い》かすには方法があります。それは、欠点を逆に長所とすること。人間は誰でも欠点を持っていて、それをよく知っているんですね。そして欠点を隠そうとするんですよ。でも欠点だから隠し切れない。それでも隠そうとして、余計に失敗するんです。欠点を下手《へた》に直そうとなんかしないで、もうこのままでいいやと開き直って個性にしてしまう。そのときに、欠点が長所に変わって、人間が大きく飛躍するんですね。その欠点がいいところだよという気持ちになる。

そして必ずチャンスは周りの人が連れてくるんです。人が引っ張ってくれる。例えば先輩から怒られるっていうのも実はチャンスなんです。優しい一言をくれる人もチャンスなんです。でも普通、怒られた場合はチャンスがなくなったと取ってしまう。でも、でかいチャンスは怒られた中にしかない。優しい言葉には小さなチャンスしかない。だから怒られたときにイヤな野郎だなと思わずに、「待て、運があるかもしれない」と、怒っている言葉をそんな気持ちで聞けたらチャンスが来る。

つまり、「俺はスターになる」なんてことは芸能界にはあり得ない。スターにする人がいる。自分でスターになるわけじゃない。「こいついいと思うよ」って誰かが引っ張ってくれる。それからどんどんたくさんのファンがついてくるんですね。

これは芸能界に限らず、どの世界でも同じです。怒られて、あんなヤツはイヤだとなれば、チャンスが減るわけです。仲間がたくさんいるということは、チャンスが多いということです。だから、チャンスの多い人というのは人付き合いが多いと思いますね。今の僕の周りにもたくさんの若い選手がいるわけですよ。それを全員応援して全員をプロにするなんて不可能です。そうなると、応援してあげられるのもその中の何人かで、選び出すのは難しいですよ。

年を取ったら夢を叫ぼう!

僕の中で、夢と目標は区別しています。自分が成功したらたくさん喜ぶ人がいる、というのが〃夢〃であって、達成した本人だけがうれしい、というのが〃目標〃だと思うんです。だから、「でっかい肉が食いたい」というのが夢だと聞けば、そんなことを夢に入れてくれるなと。そんなのは目標だよって言いたくなる。

僕は、年を取れば取るほど、夢はでっかく持つべきだと思いますね。年を取ったからこそ可能になることもある。若い人を巻き込めるというところがある。若いときの夢って心に秘めたところがあるけど、年を取ってからは夢を口にすることですね。近所でも誰かがいたら夢を叫《さけ》んでみる。

現に僕がそうだったんです。誰と話をしても、「お笑いやテレビ？　全く興味ないね。今は野球の監督にしか興味がないね」と言ってた。「欽ちゃんどうしてる？」って聞かれたら、「野球の監督のほうにしか興味がありませんって叫んでいます」と、どんどん伝わっていった。そして芸能記者からスポーツ記者のほうへ、「面白いこと聞いたんだけど、これどうかな？」、「それ、面白いんじゃないの」って話になった。「それ、日本野球連盟に言いに行ったら面白いと思いますよ」って夢が現実化したんです。

僕は夢を叫んでた。周りがその言葉をいろんなところへ誘導してくれたということですね。夢を幸せそうに叫んでいると、孫が「じいちゃんの夢を実現させたげようか」ということもあるでしょうし、「じいちゃん、それ面白いよ。俺も連れてってくれよ」とか、みんなを巻き込める。だから、冗談言っててよかったと思っていますよ。

僕の野球は、試合に勝つとチームがうれしい、地域がうれしい、茨城県がうれしいっていう夢そのもの。まさに野球は夢列車ですね。だからみんな乗っかってくる。車両がどんどん増えてくる。その列車の中が夢だらけなんです。その列車の中から、メジャーに行く選手が出てきたり、またはメジャーの人が日本の野球を目指してくるようなチーム。そんなチームにすることが僕の夢ですね。

ちょっとチャーミングな
常識人であれ。

大林宣彦

映画作家

Obayashi Nobuhiko

1938年、尾道市生まれ。成城大学文芸学部中退。少年時代より個人映画、実験映画製作に取り組み、63年、16ミリ第一作『喰べた人』がベルギー国際実験映画祭で審査員特別賞受賞。CMディレクターをしつつ、76年『HOUSE／ハウス』で劇場映画にも進出。尾道三部作の『転校生』『時をかける少女』『さびしんぼう』、新尾道三部作『ふたり』『あした』『あの、夏の日――とんでるじいちゃん』のほか『異人たちとの夏』『なごり雪』などの作品を手がける。2004年、紫綬褒章受章。

二十世紀前半までの映画では、ときには狂気が芸術を呼び起こすこともあった。しかし、今は違う。チャーミングな常識を持った遊び心が必要なのだ。尾道三部作などで知られる映画作家、大林宣彦氏が、遊び心を教えてくれた〝ふるさと〟を語る。

Obayashi Nobuhiko

瀬戸内海の色

ぼくは瀬戸内の尾道《おのみち》という町で生まれ育ちました。瀬戸内海には、人の遊び心を育てる要素がいっぱいあります。たとえば海は、二度と同じ姿を見せません。海の色というのは、その日の空の色や雲の形を映し出しているので同じ模様は二つとないのです。

子供はいつも自然界の中で、新しいこと、初めてのことに取り組んで遊ぶものです。その遊びを通して、ぼくを育ててくれたものが瀬戸内海です。遊びは創造の源であり、それを子供のうちに学ぶのに瀬戸内海は絶好の遊び場でした。たとえば大人の感覚でいえば、雨が降ったり風が吹いたりすれば、不便で大変で、遊びどころではありません。でも子供は雨でも風とでも遊べるのです。大人にとっては、生憎《あいにく》の雨、生憎の風でも、子供には、おもしろい雨であり、恵みの風なのです。瀬戸内海の穏やかな気候は、ぼくを遊び上手に育《はぐく》んでくれたと思います。

「五風十雨《ごふうじゅうう》」という言葉を子供のころ父親から教わりました。五日に一度風が吹き、十日に一度雨が降る。これは農作物が育つには一番良い天の恵みです。ところが二十世紀の大人は、十日まるまるの好天を望み、科学文明を発達させ、便利で快適な効率のいい暮らしを得て、生きていく上での大切な、自然の中での遊び心を忘れてしまいました。五風十雨とともに遊べる心を持っていれば、人間も農作物の一部ですから健全に育ち得るのですが、遊び心を忘れたために、今は不自然な作物になっているのかもしれません。遊ぶということは、本来、不便と我慢がたくさんある中で、それを知恵と工夫で乗り越えることだと思います。

瀬戸内海で育ったぼくは、この年になっても遊び心を忘れてはいません。「雨が降ってる。さて、どう雨と戯れようか」、「今日の風に乗って空を飛んだらおもしろいだろうな」。いつもそんなことを考えています。

時代のネジ穴にはめる

遊びとは創造の原点です。物を作るということは未来を作るということでもあります。ところでぼくは、スタッフたちによく話すことがあります。

「ぼくたちは映画を作っている。その場合、たとえば世の中に穴が一つあり、その穴をターゲットとして、穴について市場調査をして、それに見合ったネジを作ろうとする。しかし世の中は動いている。一年かけてその穴に見合ったネジを作ってもそのときには、ネジの大きさがズレて役に立たないかもしれない。ネジ穴は世間であり世界である。ぼくたちには計り知れない。では

空を見て雲を見る。
川があれば手を差しのべて、
水がこれくらい
温かくなったと感じる。
そうやって、
今日を生きる一人の人間として、
ぼくたちの映画を作ろう。

Obayashi
Nobuhiko

大林宣彦

どうすればいいか。少なくとも毎朝、新聞やテレビのニュースはちゃんと見て出てきなさい。できれば電車を一駅前で降りて歩いておいで。歩く中に人と会う。空を見て雲を見る。川があれば手を差しのべて水がこれくらい温かくなったと感じる。そうやって、今日を生きる一人の人間としてスタジオに入って、それからぼくたちの映画を作ろう。こうしてネジを作っていれば、今日という日に一市民として生きているという実感がそのネジに籠《こ》もるから時代のネジ穴に寄り添える。映画人は芸術的な仕事をしているわけだが、それ以前に一人の社会人であり、良きジャーナリストでなければいけない。個性は大事なものだが、奇人変人であってはならない。基本は常識人であらねばならない。ただし、ちょっとチャーミングな常識人であるようにね」

　二十世紀前半のころの映画は、選ばれた人たちのものでした。ときには犯罪者のような狂気が芸術を呼び起こすこともあったのです。戦争でいえば、「やあやあ我こそは……遠からん者は音にも聞け」とお互いに名乗り合って、お互いの武勇を誇るというような大らかな時代もあったのですが、時代が進んでボタン一つで世界が崩壊するような現代には、もうそれは通用しません。芸術家ですら変人奇人ではいけない。常識に寄り添わないと芸術としての役割も果たさないのです。二十世紀は科学文明の世紀でもあり、それは同時に戦争の世紀でもありました。また二十世紀は映像の世紀だといわれ、ぼくたちには誇るべき世紀なのですが、映像と戦争とは深いかかわりがあったことを忘れてはいけません。

二〇〇一年九月十一日のあの映像は、テロリストたちが世界を凍らせた映像です。あれがハリウッド映画のクライマックスの一場面だったと想像してみてください。おもしろい。すごい。大ヒットしてアカデミー賞を取っていたでしょう。だからこそテロリストは真似《まね》をして自分たちをアピールした。一種のコマーシャルです。

しかも、あの映像のヒントは今までの映画が与えてきたということも事実です。今日まで世界中で、どんな映画がヒットしてきたかというと、やはり破壊と殺戮《さつりく》を描いたものです。たしかに破壊や殺戮は映像としておもしろい。

しかしそれがおもしろがられた時代は終わったと思います。チャーミングな常識を持たなければいけないという理由はそこにあります。テロリストや犯罪者が映画を真似て罪を犯すような時代は終わり、次は何を真似させようかと考えなければなりません。

『スターウォーズ』を作ったジョージ・ルーカスは、シリーズ九作品を作る予定でした。しかし、六作品まででもうやめると宣言しました。「あんなことをやっていると、人間は滅びてしまう。映画人として作らなければならない映画はもっと別のところにある」と考えたのでしょうね。ぼくは、彼はこれから『スターピース』を作るだろうと思います。彼も立派なジャーナリストでチャーミングな常識の人だと信じます。

遊びには節度がいる

映画製作には遊び心が不可欠ですが、遊びには節度が必要なのです。ぼくたちは子供のころ、遊びながらどこかで怯《おび》えていました。遊びとは無制限に好奇心のままに楽しんでいいものですが、やりすぎると、どこかで叱《しか》られることにもなります。あらかじめ線引きはない。自分で失敗して気付く。同じ失敗は二度としないようにするのも遊びの大事な要素です。

子供のころ、一番楽しみで、実は恐ろしくもあったのは、夜寝る前に母親が話してくれる物語でした。かちかち山、一寸法師、ぶんぶく茶釜……、どれ一つとってもいたずらをしてバチが当たる話ですね。恐ろしくてしようがないから、母親の温《ぬく》もりがさらにありがたく思えました。その温もりの中で、明日はもっと良い子になりますと、自らに約束もしました。

母親の話の中で一番不思議だったのは浦島太郎の話でした。亀を助けて龍宮城に行って、タイやヒラメの踊りを見て、最後に玉手箱を貰《もら》って帰ってくる。ところが、玉手箱を開けるとおじいさんになってしまう。これがどうしても理解できない。亀を助けて良いことをしたのにどうしてバチが当たるのかと母親に聞いた。「たしかにいいことをして、海の底の人たちが三日間もてなしてくれましたね。それだけで十分なのに、玉手箱を貰って、決して開けてはならないと言われていたのに、中には金銀や宝物が入っていると思って開けた。バチが当たって浦島さんはそこで一生をなくしてしまったんですよ」。なるほど、いいことをしても驕《おご》ってはいけないんだと分かりました。いいいことをしても威張《いば》ってはいけない、感謝を押し付けてはいけない。いいことはさりげなくするものだということです。

チャーミングな常識を持って遊ぶ。これが遊びの神髄だと思います。

技だけに走らない、料理は「思いやり」

道場六三郎　和食料理家

Michiba
Rokusaburo

1931年、石川県生まれ。18歳の時、本格的に料理人を志し、東京、神戸、金沢と修業を重ねる。59年、赤坂「常盤家」でチーフとなる。71年、銀座「ろくさん亭」を開店。93年から始まったフジテレビ「料理の鉄人」では、初代和の鉄人として27勝３敗１引き分けの成績。2000年、銀座に「懐食みちば」を開店。著書に『おかず指南』(中央公論社)、『味の極意を教えよう』(主婦と生活社)、『六三郎だんくら人生』(ソニーマガジンズ) などがある。

かの北大路魯山人《きたおおじろさんじん》は「世の中に嫌いなものが三つある。それは書家の書と、絵描きの絵、料理人の料理」と言ったという。それは、技術を見せびらかそうとする心を戒めたもの。ものをつくる、料理をつくるとは……。その心を〝料理の鉄人〟道場六三郎氏が語る。

Michiba Rokusaburo

初心忘るべからず

私は、味との出合いが大好きなんです。その感動がどんどん料理を好きにさせました。若いころ、富山の氷見《ひみ》漁港に行ったときに漁師さんの家で鯨《くじら》の刺身《さしみ》をご馳走《ちそう》になった。これまでに食べたことのない味でした。生姜《しょうが》をおろして食べ、ものすごく感激しました。また中華のフカひれの姿煮を食べたときも感激でした。日本料理にはない食感との出合いは今でも覚えています。それらの感動は今に生きていますね。「自分は和食専門だから他の味は認めない」などと自分のスタイルにこだわり過ぎると、人や物との出会いから新しい感動は生まれないように思います。

だからこそ、年齢を重ねた今も新しい感動を探しています。茶懐石《ちゃかいせき》にも興味を持つようになったのもその一つです。宴会料理というのは、とにかく豪《ごう》華絢爛《かけんらん》のものが多いものです。いかに豪華に、いかに贅沢《ぜいたく》に見せるかが勝負です。しかし茶懐石にはそんな気負いがありません。世阿弥《ぜあみ》の「初心忘るべからず」という言葉があります。その時々に初心があるという。その心境が何となく分かるような気がします。若いころにはそのときの初心、中年になればそのときに感じる初心というものがある。もちろん今の年になって受ける感動もある。その時々の初心、つまりは成長の過程によって初心がいろいろあるのだと思います。

味は技術だけでは向上しません。いくら技術だけを身に付けても、それは技術だけの味にしかならない。心が伴わなければ見せかけの味になってしまうのが料理の怖さです。また、自分はもう出来上がっているという思い上がりも味を落とす。味との出合いで生まれる感動の積み重ねが、本物の味には欠かせないものだと思います。

物の本性を見極める

私はなるべく無駄な物を盛り付けたり組み合わせたりはしないようにしています。組み合わせるなら、その物本来の味を消さずに引き出すものを使いたい。

大根でも、雪が降ってからの時期の大根っておいしいものです。手で折ると、パーンと弾《はじ》けて水気が出て、かじると何ともいえない旨味《うまみ》があふれてくる。そういう旬の旨味をどうしたら殺さずにおいしく食べられるか。生でかじってもおいしいが、それを胡麻《ごま》油で焼き、生醤油《きじょうゆ》をちょっとたらして食べる焼き大根もおいしい。また、おでんのように味を含ましてもいい。大根でもいろんな調理法があります。それは大根の本性を見抜かないと本来のおい

子供に接する母親の心になること。
食べて喜ぶ顔が見たい、
それだけでいい。

Michiba
Rokusaburo

道場六三郎

しさにはならないのだと思います。

魚でも同じです。例えば鯛《たい》でも、あまり大きければ筋が固いので、絞《し》めたばかりのときは牛蒡《ごぼう》を食べているようになってしまう。それに厚く切ってもいけない。薄く切る。そうであれば包丁の扱い方も変わってくる。活《い》けじめは絞めてしばらくタオルで巻いて冷蔵庫に入れる。活けじめにして時間の経過を見て、ちょうどお客さんが来るころに食べごろになるように仕込んでおく。そういうものも魚をよく知っていればこそできるのであって、同じ物をつくるのでも、物の本性をよく分かっていなければ出来は悪くなるのです。

その物の特性を知る上で欠かせないのは旬ということです。旬をはずすと良い味が引き出せない。旬というのは出盛り。出盛りというのはおいしい。筍《たけのこ》にしても、正月の新竹と言われますが、本当においしいのは四月ごろの筍です。旬を知って特性を知ることで味をうまい具合に引き出せる。それは、自然から与えられた良さを十分理解して、人間の技術でねじふせるのではなくて、人間が自然の与えに合わせて味を引き出すということが大事なんだと思います。それなのに物の本性を全部つぶして、すぐソースを混ぜればいいだろうなどと小手先で勝負しようとする料理人がいる。本当の本性が分かっていれば、そういう仕事がだんだんいやらしくなってくるんです。

技は喜ばすためのもの

料理を通して相手を喜ばせたいですね。それには「人を見て法を説け」の気持ちが大事です。魚ばかり食べている漁師さんに野菜の料理をつくると非常に喜ばれる。逆に農家の方に魚の煮付けや刺身を出すと喜んでくれる。

料理はもてなしですから、相手の好みに合わせなければなりません。この人は今どういうものが好きなんだろうかということを考えながら、相手に合わせて料理をつくる。よく、自分のこだわりを押し付ける板前がいますね。「あの客は何も分かっていない」と。それは自分が分かっていないんです。この間もある寿司屋で、若い女性客がカリフォルニア巻きを注文しました。

するとそこの板前さんが「うちはそういうものはやっていません。近ごろの客はなっとらん」と言ったというのです。気持ちは分からないでもないが、世の流れというものがあります。自分のこだわりだから、みんなそれに合わせろ」と考えていることは、どこかが間違っているように思います。「これが変えないこだわりも大切ですが、料理は、心をもてなすということを忘れてはならないと思うのです。

だから、お客さんの好みや世の中の流れという変化も大切だと思いますね。世の中というのは常に動いている。つい十五年ほど前は、一般の主婦や若い女性方だけで外食することは考えられなかった。ほとんどが男性客でした。近ごろは女性客が大半です。うちの店でも昼は九割五分が女性です。であれば、その流れに合わせて、女性に喜んでもらえることは何だろうかということを考えないといけないと思います。女性はテレビや雑誌などでグルメ番組を見てよく食べ歩いている。どんなものがはやっているのか、値段がどれくらいなのか、いろんなことを知っているんです。そういったことを心得て、どうしたらいいかということを考えながらやらないと喜んでいただけないでしょう。

私はここ（銀座「ろくさん亭」）で三十五年、料理屋をやっていますが、かつて、この界隈《かいわい》には関西割烹《かっぽう》店が五十軒ほどありました。でも今では三軒くらいしか残っていません。時代が変わる中で、物をつくる、物をサービスする者として、目線の先に、常にお客さんを置いているかどうかが問題です。

それは心をお客さんに向けるということ。つまり、お客さんに対してどれだけ思いやりを持つかということです。どうすれば熱い料理をお客さんに熱く出せるか、冷たいものは冷たく出せるか。しかもお客さんが一番喜ぶのはお勘定が安いこと。そういった当たり前のことを二の次にして、利益に走ったり自分たちのプライドばかりに一生懸命になって、お客さんから目線が離れたら、一時は良くても長続きしません。何でもそうだと思います。運転も道から目線が外れたら危ないでしょう。目線がどこに向いているかということは、特に物をつくるうえで忘れてはならないものです。

お客さんを見て、このお客さんはお年寄りだ、歯に合わないものがあるだろうと、沢庵《たくあん》なんかでも食べやすいように出してあげる。そういった気遣い。私は料理の心は思いやりの心だと思います。そうした思いやりの心が欠けていると、料理に心がのらない。

お客が見えてないといい料理はつくれません。飾りっ気を捨てて、相手がどんなものが好きなんだろうかと真剣に考える。料理に技が必要なのは、自分の腕をひけらかすためではなく、相手に喜んでもらうためです。例えば色を綺麗《きれい》に見せようとして茄子《なす》や蕗《ふき》を青く炊く人がいます。しかし、いくら綺麗でも食べて固く、ガリガリで味がのっていなかったらそれは失敗です。母親が子供に炊いてくれるようなものがいい。色に走るとろくなことがありません。技を見せようとする心は全く必要のないことだと思います。

料理とは、子供に接する母親の心になることのように思います。食べて喜ぶ顔が見たい、それだけでいいんだと思います。

ニッポンに知ってほしい「美しき日本」

アメリカから大和撫子《やまとなでしこ》がやって来た

藤　ジ　ニ　ー

銀山温泉・旅館「藤屋」女将

Fuji Jeanie

米国・カリフォルニア州サンフランシスコ市生まれ。オレゴン州の大学卒業後、英語指導助手として来日し山形へ、350年続く銀山温泉の老舗旅館「藤屋」の７代目若主人と結婚。公共広告機構の国際化キャンペーンＣＭに登場し全国に山形県銀山温泉を伝え多方面から注目を集めている。日本の美しさと伝統、料理、日本語の素晴らしさなど日本人以上にそれらを誇り、日本人に気づかせてくれる。著書に『アメリカ人女将が学んだ日本のおもてなし心得帖』(幻冬舎)、『ニッポン人には、日本が足りない』(日本文芸社) がある。

テレビコマーシャル「ニッポン人には日本が足りない」で一躍有名になった山形・銀山温泉の旅館の女将《おかみ》、藤ジニーさん。グローバル時代と言われ、世界を駈《か》ける人材が求められる今、何が大切か。その答えは意外なところにあった。

Fuji Jeanie

憧れの国、ニッポン

私は七人兄弟なんですが、なぜか私だけが日本に興味を持っていました。絶対行ってみたいとずっと憧《あこが》れていました。それで大学三年生のとき、留学生として初めて日本に来ました。その後、日本が忘れられなくて、オレゴン州の大学を卒業した後、外国語指導助手として再び日本にやって来たんです。その採用先が、ここ、山形県でした。

初めは横浜に住んでいましたが、横浜や東京は都会ですね。大きい街は外国とそんなに変わらないけれど、地方に行くと、私が憧れていた昔の日本の風景が残っていました。山形はその中でも特に美しいです。最上川《もがみがわ》の渓流、庄内《しょうない》、日本海。山形は横浜などの都会と比べると田舎なのかもしれませんが、私はそれが自慢できるところだと思います。田舎ですからそれが良いんですよ。

三世代も四世代もが一緒に住んでいる大きな家、時間もゆったりと流れ、外は見渡す限り、息をのむほどの美しい自然。京都や奈良に憧れていましたが、山形に来て、また一味違う日本に出合えた気がしました。

山形には日本の美しい習慣も残っていました。例えば挨拶《あいさつ》もその一つです。どこでも誰《だれ》でも挨拶し合いますね。電車に乗れば、隣の席にいるおばあちゃんが鞄《かばん》から飴《あめ》を出して「どうぞ」とくれる。その後は「きょうはどこまで行くんですか」からいろんな話が始まります。そういう出会いがワクワクするほど楽しいです。横浜に住んでいるころは知らない人とのコミュニケーションはほとんどなく、隣に住む人の名前も知らないという方もいました。初めて山形のアパートに入った時、大家さんから隣の人、そのまた隣の人に「何号室のジニーと言います。ヨロシクオネガイシマス」と挨拶して回りました。すると行く先々で「お茶飲んでいきなさい」と言ってくれたり。楽しかったですね。

それにお正月の挨拶も好きです。大晦日《おおみそか》の夜、午前〇時を越えると、道で出会う人たちは「あけましておめでとうございます。今年もよろしくお願いします」と言葉を交わしますね。人と人をさりげない言葉や習慣でつなげている日本の伝統は素晴らしいと思います。それが生活の中に自然に出ています。挨拶の習慣は日本の美しさの一つだと思います。

「帰りたい」が「楽しみ」に変わった時

女将になって二、三年は大変なことが多かったですね。今では従業員もたくさんいますが、当時は主人と私と義母《はは》の三人でした。しばらくは、毎日、

Fuji
Jeanie

日本には、
自然に涙がにじんでくるような
優しくて美しい伝統が
たくさんあります。

藤ジニー

朝から晩まで休む間がありませんでした。

でも一番大変だったのは言葉でしたね。義母はまるっきりの山形弁ですし、お客さんといえば全国からいらっしゃいますのでいろんな地方の方言を話されます。ほんとに皆さんが何をしゃべっているか分からずに、ただうなずくだけでした。会話とは言えませんでした。お客さんはよく我慢されたと思います（笑）。

友達も声をかけてくれて励ましてくれましたが、やっぱり辛《つら》い時は落ち込みました。この辺の山を犬と散歩すると、自然に涙がこぼれてきて、泣きながら歩いていました。一人、山道でうずくまって「もう帰りたい」と何度も泣きました。でも、一生懸命な主人やお義母《かあ》さんのことを思うと、口には出せませんでした。「私もがんばろう」と、何度も何度も自分に言い聞かせたことを覚えています。

それに大好きな日本だったから踏ん張れたのかもしれませんね。旅館の仕事も、先ほど言ったように言葉も分からない状態でしたから、最初のころは楽しいと思ったことはありませんでした。でも、少しずつ、仕事の内容が分かってきて、言葉も少しずつ覚えてくると、だんだんお客さんと話すのが楽しみになってきたんです。お客さんとのお話は、今の私にとって一番の楽しみになりました。「この仕事、大変なことがあっても、楽しいことがそれ以上にあるはず」って思いだしたら少しずつ面白くなってきましたね。

私は、「藤屋」から外に出る機会がほとんどありませんでしたので、だからこそ、お客さんから青森の歴史や、大阪のおいしいものの話など、全国のいろいろな話を聞かせていただいて本当に面白かったですし、勉強になりました。その後、だんだん私も外へ出るようになって、それまで聞き役だけだったのが「この間大阪に行って、たこ焼き食べました」なんて言うと話が弾《はず》んだりします。以前は「タコヤキって何ですか?」と言っていたのが……。ですから、今はほんとに楽しいです。

それとテレビや雑誌に出るようになってから、それこそ全国から励ましの手紙を頂いたんです。「テレビ見ました。がんばってください」と次々たくさん頂きました。ほんとにありがたいなあ、と思いますし、日本に来てよかったと心から思います。

日本の素晴らしさを、日本に伝えたい

日本にある習慣やしきたりといった伝統は本当に素晴らしい。でも若い人には伝わっていないように思います。私は茶道や華道を習っていて、玄関先におもてなしとして花を活《い》けますが、ゆっくりと花を活けることで、自分の心が静かになっていくのが分かります。相手のためとしながらも自分の心のためになっている。同じ作法をただただ何度も繰り返す中で、そういう心境を自然に培っていくということが良さの一つだとは思いますが、若い人にはそれが難しいのではないでしょうか。

先日、娘の学校で相撲大会がありました。生徒には試合の前と後にお辞儀をさせていました。後から娘に「なんでお辞儀するか分かる?」と聞くと、

先生はそんなことは教えてくれなかったと言うんです。もったいないことしてるなあ、と思いましたね。試合の前と後のお辞儀にはどういう意味があるのか。「お願いします」と相手に敬意を示して、試合が終われば勝っても負けても「おかげさまで」とお礼する。

お辞儀という作法は素晴らしい伝統です。華道の心もそうですが、作法には必ず意味があると思います。日本の作法や習慣には、それらに込められた歴史的な意味や人生観に通じる何かがきっとあるはずだと思います。ただの作法の型を教えるというだけではなく、言葉でもしっかり伝えてあげることも日本の伝統を残すために大事なことのように思います。

今の若い人には自分の国のことをもっと大事に思ってほしいです。グローバリズムやインターナショナルも大事だけど、自分の足元をしっかりしないと真のインターナショナルとは言えないように思います。自国の文化を自信を持って伝えることができる人こそ外国では尊敬されるし、世界の人と対等に仕事ができるのだと思います。世界を駈けて活躍している人は、みな自国を尊敬しています。

日本には、自然に涙がにじんでくるような優しくて美しい伝統がたくさんあります。お正月に、春はひな祭り、秋はお月見など。そういう季節の習慣は、自然や神に感謝する習慣です。それに、人への思いやりや助け合いは日本の伝統的な美徳です。そういうことを大切にしてきた日本が、今、忘れられているのはとても寂しいです。

私は故郷のアメリカにも誇りを持っていますし、第二の故郷の日本を心から愛しています。これからも日本の素晴らしき美徳を、日本に伝えていきたい。私の楽しみです。

一歩踏み出せば、必ず神様からのプレゼントが

片岡鶴太郎　俳優／画家

Kataoka
Tsurutaro

1954年、東京都生まれ。高校卒業後、声帯模写の片岡鶴八師匠のもとに弟子入り、３年間におよぶ修行の後ひとり立ちし、浅草演芸場、東宝名人会に出演。テレビのバラエティー番組『オレたちひょうきん族』出演で一躍人気者になり、その後ドラマに進出。88年には『異人たちとの夏』（大林宣彦監督）に映画初出演。日本アカデミー賞最優秀助演男優賞、ブルーリボン助演男優賞など多くの賞を受賞し、役者としての地位を確立する。40歳を前に独学で始めた墨彩画でも独自の世界を創り上げ、95年に初の個展を開催、以後、毎年全国各地で個展を行うなど、旺盛な創作活動を展開している。

バラエティー番組でのひょうきんな笑顔。ドラマでは役者としての真剣な顔つき。そして今、画家として筆先を見つめる力強い眼差《まなざ》し……。私たちにさまざまな表情を見せてくれる片岡鶴太郎氏。次々と新たな才能を開花させてきた半世紀の人生を語る。

Kataoka Tsurutaro

「このままでいいのか」

「芸人になりたい」。それは小さいころからの夢でした。

高校を卒業してすぐに、この世界に飛び込みましたが、そう簡単じゃありませんでしたね。あっちへ行ってはぶつかり、こっちへ行っては挫折《ざせつ》して、なかなか芽が出ない。長い下積みが続きましたが、そのうち、いろいろな方とのご縁ができ始めてきて、『オレたちひょうきん族』に出るようになって、やっと「鶴太郎」という名前を皆さんに知っていただくようになりました。

テレビに出るようになって、レギュラー番組も数本抱え、次から次へと仕事が増えました。とにかく死ぬほど忙しかったですね。すると、駆け出しのころはテレビに出ることが夢だったのに、あまり嬉《うれ》しくなくなる。勝手なものですね。それよりも遊びに夢中になった。飲んで食べて寝て、それ以外は仕事という日々を、二十七歳から三十二歳までの五年間繰り返していました。気付いたら、どんどん太った自分がいました。ある日、そのパンパンに太っている醜《みにく》い姿が、自分の心の投影のように思えて、たまらなく許せなくなったんです。「このままでいいのか、これで本当に自分の納得のいく人生になるのか」。そんな心の声が次第に大きくなっていったんです。

そんなころ、『男女7人夏物語』というドラマに出て、初めて役者っていいものだなと思ったんです。人間を掘り下げて表現していく、そういう場に初めて出合ったという感じでした。衝撃でしたね。それで「自分をもっと掘り下げていきたい。人間の喜怒哀楽《きどあいらく》とか心情とか、そういうものを表現できるようになりたい」という思いが強くなっていったんです。お笑いというのは、基本的には明るい部分だけで、落ち込んだり悩んだりする姿を表現することはできません。人間にはプラスとマイナスの思考が必ずあるし、陰と陽、両方そろって人間です。そういう部分を含めた人間を表現してみたくなったんです。

それで、幼いころからボクシングへの憧《あこが》れもあった私は、役者を真剣に目指すためにも、「よし、肉体も精神も一回リセットするぞ」とボクシングを始めました。やるからにはプロのライセンスを取りたいと思い、ライセンスは三十三歳が限界と言われていたので、「三十二歳がラストチャンスだ、今しかない」と、一年かけての挑戦を始めました。

ボクシングはハードなスポーツですが、私にとって精神修行でもありました。ジムでサンドバッグをたたき続けて汗を搾《しぼ》り出し、自分を極限まで追い込むことが、何か禅を組んでいるような感覚でした。食事も一日二食にしました。すると「足るを知る」ということが分かるようになるんですね。今、一杯の水がものすごくうまい。シンプルなことに喜べるということを実感し

Kataoka
Tsurutaro

この借りている
身体《からだ》を使って
人生をどう生きて、
どのようにお返しするか。
そこには、何か
役目というものが
あると思う。

片岡鶴太郎

たのも、ボクシングのおかげです。

心底、赤い椿がきれいだと思った

絵に目覚めたのは四十歳になるころでした。私の三十代は、ボクシングや役者としてのさまざまな役など、素晴らしい出合いに恵まれた充実した時期でした。それが四十歳を目前に、鬼塚《おにづか》選手が引退し、『金田一耕助』シリーズや『季節はずれの海岸物語』などのドラマも終わることになり、あれだけ充実した三十代が、すーっと消えて無くなっていく寂しさを感じたんです。仕事が忙しいと、それがずっと続くような錯覚を起こすんです。だけど、この世のものは、いつかは別れなければいけないし、いつかは無くなり終わっていく。物事は常に移り変わっていくという無常観が体を包み、その現実に立ち竦《すく》んで、明日が見えない日々がしばらく続いたんです。

明日から、四十代から、何をやっていけばいいんだろう。焦燥《しょうそう》感、物寂しさが離れず、死というものを考えたのもこのころです。そんなときに、隣の庭に咲いた赤い花を見たんです。心底、「きれいだ」と思いました。それまでの私には、花を見て感動するという心境などありませんでしたから、そんな自分に驚きました。その花は椿《つばき》でした。「この椿を絵で描けるようになりたい」。そんな思いに突き動かされ、それがだんだん膨《ふく》らみ、次第に、四十代からの後半生は墨で絵を描いたり、書を書いたり、そういうことのできる人になりたいと思うようになりました。

絵を描き始めてしばらくしたころ、銀座のバーでタモリさんと一緒にいたときに、ある方が一人で飲んでおられた。タモリさんが「あの方は画家の先生だよ」って言うんです。私は画家の先生にお会いするなんて生まれて初めてだったので、「紹介していただけませんか」とお願いして、「じゃ、一緒に飲もうか」ということになった。それが村上豊《むらかみゆたか》先生でした。絵に興味があると言ったら、先生は「絵は上手《うま》く描くことはないんです。感じたままを素直に描けばいい」と優しい笑顔で言ってくれた。その言葉は、私をますます絵にのめり込ませました。

何か心の中で「やりたい」と指示が出たときにはやるべきだなと思いますね。そうすると何かしらプレゼントがある。ボクシングをしていたときには鬼塚選手との出会い、絵を描き始めたときには村上豊先生との出会いがあった。そこで確信するんです。「間違いじゃない。これは神様からのプレゼントだ」と。

絵はやればやるほど奥が深いんです。常に自分が描く絵は変わっていく。書も同じです。絵や書には人間がそのまま出てしまいます。普段の生活の姿がそのまま出てしまう。納得がいかないのであれば、すぐにでも自分を鍛《きた》え直さなければならないんです。九月になると必ず旬の秋刀魚《さんま》を描くんです。同じ秋刀魚でも毎年、出来が変わっていく。やっぱり、無意識のうちに自分自身の変化がそのまま絵に表れているんだと思います。

花でも魚でも、着色ではない自然の色、形に感動して描く。自分が何に心を動かされているかが描きたいものになる。描こうとするものになりきれば、そこに嘘《うそ》はなくなる。私の出発点はそこにあるのかもしれません。だから自分も自然の一部ですし、感じるまま絵筆を委《ゆだ》ねたいですね。魚も虫も私も、自然というものの表現の一つだと思っています。だから、筆を持った場所から筆の先までの、ほんの短いその距離の間に何かがあるのです。その何かに、私は描かせてもらっています。私はその仲介なんだと思います。

そこに存在する空気や風や水などを紙に染み込ませます。「お願いです、力をください」という気持ちでね。

勝ち組も負け組もない

過去のものは過去のものとして、今を生きなきゃいけません。それも情熱をたぎらせて立ち向かわないといけません。みんな、何かしなきゃと思っても、その情熱が見つからずに心が鬱々《うつうつ》としているのかもしれませんね。でも「自分は何に情熱を持てるか」などと人に聞いても無駄です。では何に聞くか。外に答えを求めるより、答えは自分の心の中にあるということをもう一回じっくり考え直して、自分と対峙《たいじ》してみることが大事だと思います。

私を産んでくれたのは両親ですが、本当にこの肉体を貸し与えてくれたのは神だと思うのです。自分の中でそれを信じています。ですから、この身体《からだ》を使って人生をどう生きて、どのようにお返しするか。そこには、何か役目というものがあると思うんですね、生まれてきて。だから思い悩むことはない。必ず、人それぞれ役目がある。それを自分が心の内に入ってじっくりと考えてみると、その答えはおのずと出てくると思います。それには勝ち組も負け組もない。

自分の身体は今生を生きるためにお借りしている身体。「これでどう生きますか」と貸し与えられている。それをきれいに使うか、粗末に使うか。そして、最終的にどうやってこの身体をお返しするかが、私の中でのテーマです。

感性を磨くのは、人としての気持ち

藤山直美　喜劇役者

Fujiyama Naomi

1958年、大阪府生まれ。松竹新喜劇を支えてきた藤山寛美氏の三女。３歳のとき、ＮＨＫ大阪『桂春団治』に父とテレビ初出演。ミュージカル『見上げてごらん夜の星を』の子役オーディションに合格して初舞台を踏む。以来、舞台を中心に活躍するほか、ＮＨＫ連続テレビ小説『心はいつもラムネ色』（84年～85年）、『おんなは度胸』（92年）などに出演。2000年、初の主演映画『顔』で数多くの賞を受賞。06年、下半期放送のＮＨＫ朝の連続テレビ小説『芋たこなんきん』で、主役の花岡町子を演じた。

かの喜劇王・藤山寛美《ふじやまかんび》氏の三女として生を受けた藤山直美さん。親譲りの芸風で登場し、確かな演技力で舞台、テレビ、映画と幅広い活躍を続けている。舞台からは快活で大らかな女性をイメージしていたが、お会いし、お話を伺うと、そこには繊細で凛《りん》とした古風な女性の素顔が垣間見えた。

Fujiyama Naomi

「お客様とは一期一会」

父親が亡くなるまでは、私は、本気で役者をするつもりはありませんでした。お付き合いしている人がいて、結婚もするつもりでいましたから、全然、何の興味もなかったですね。自分がすることにはね。

歌舞伎とか新派とか好きでしたから、観たりすることは嫌《いや》ではなかったですけど、喜劇を自分でするつもりはなかったですね。ほんとなかったですね。でも、家業ですからね。父親が亡くなって、まあ、何となく、そういうふうに自分がやっていくような縁があったんでしょうね。運命っていうか、宿命というかね。小さいころから、うちの家は役者の家なんやなあっていう、普通のサラリーマンの家ではないな、という意識はありましたね。私は子役をやってたんでね。姉妹の中で一番近いとこに居てたということですね。

私は代表作というのは嫌いな人間なんです。観てくれてはる方が構えたりね、力むっていうのが嫌いでね。だからお芝居してても、超大作だとかそんなもんやなくて、気楽に観てもらえるお芝居をしていきたいんです。「これが作品です」とか、「これが伝統文化です」とか、「芸術です」とか、全くないですから。それは新派の方とか、歌舞伎の方とか、あとオペラやっておられる方とか、クラシックバレエやっておられる方とか、そういう方がやられたらいいことであって、私ら喜劇ですからね。気楽に来てもらえたら一番いいですね。着る服悩まんと劇場に来てもらえたら嬉《うれ》しいですね。

毎日、新鮮でというのは難しいんですけどね、一カ月に三十何回とやりますとね。喜劇って発想能力というのが絶対にいりますからね。そのときのお客様と一期一会《いちごいちえ》で、その日の私と、その日の一座の皆さんと、その日のスタッフの皆さんというのは、一生の人生の中でその日一日ですからね。そのへんのところの戦いですよね。

糸を張り詰めたような緊張感がありますね。でも喜劇ですから、こっちが緊張してても、向こうから見ると楽しんでやってるなあと見てもらわんとあかんのですよね。お客さんが緊張できつくならはったら何を楽しみに来てはるか分かりませんのでね。

「人間って全部拒絶したらあかん」

着物一つ、お茶碗《ちゃわん》一つにも、すべてのものにきっと命があって輝く一瞬がある。かつらも衣裳も小道具も大道具も、みんなそうですよね。やっぱり役者が一生懸命いい芝居をしたときは、着物もかつらも小道具も大道具も、み

喜劇は円の相場と一緒。
今日と明日では全然値段が違う。
ちゃんと勉強してないと、
暴落することもあるということ。

Fujiyama
Naomi

藤山直美

んな協力してくれるんですよ、なんとかいい芝居をって。

そっち側にそういう気持ちがなくて、役者だけが頑張って、こんなもんは物やからと思うと、これはやっぱりこの物たちは芝居のいい協力者にはなってくれないんですよ。役者がどんだけ性根を入れて芝居するかで、周りも変わってくるんでしょうね。

それは人に対しても同じで、うちの父親がすごくいいこと言うてくれたんですけどね。「悪い人に騙《だま》されんように気を付けなあかんと人は言う。例えばお前を騙そうと思って人が寄ってきたとしよう。でも、お前と接することによって、騙せんなと思えるように変えれればいいな」と言うんです。「その人がお前を見て、この人は騙せられへんな、まっすぐ一生懸命生きているから、と相手の気持ちが動くところまで頑張れ」と言いましたね。嫌なことがあるからといって、それを避けるな、ということですね。

私は牛乳が嫌いやったんですよ、小学校のころ。今でもあまり好きではないんですけど。ある方が自分のお孫さんと初詣《はつもう》でかなんかに行かはったときに、「何お願いしたの」って聞いたら、「牛乳飲めるようになりますように」とお祈りしたって答えたそうなんです。私はその子偉《えら》いなと思いました。普通は「牛乳飲まんでもええように」と拝むんでしょうが、その子は可能性をお願いしたんですね。人間って全部拒絶したらあかんということでしょうね。だってどういう可能性があるか分かりませんもんね。

さっきの話やないけど、人が私を騙そうと思って来た。でも一生懸命働いて、ひたむきにこつこつ努力している私の姿を見たときに、「ああ、この人は騙せないな。自分はいろんな人を騙してきたけども、あんまりそういうことはよくないな」と気付いてもらえるような関係になればいいですね。

この人は悪い人やからというて避けて生きれるもんやない、この世界にいてると。あの人良くないなと思っても、嫌いやなと思っても、仕事もしていかなあかんし。仲良しクラブやないんやから、気の合う人、好きな人ばっかりで仕事してられへんし、中にはどんな人がいらっしゃるか分からないし、初めてお目にかかりますという方ともお仕事するわけですから。父はそのように言うてくれました。

「人の機微がふーっと伝われば」

殻をやぶるというのは難しいもんでね。私は喜劇というのは伝統芸能やとは思ってないんです。だから殻をやぶるというよりも、毎日、今日、明日、また次の月、次の年、これは自分の感性の話でしょうね。感覚とか感性とかが世の中とずれているかどうかということでしょうね。

歌舞伎は歌舞伎という型がありますけど、喜劇というものは伝統芸能ではないのでね。二百三十年前の喜劇をもう一回復活というのは無理ですからね。私の場合、もともと型というのがないんで。

中村勘三郎《なかむらかんざぶろう》さんとこの芝居でね、今の宮崎県の日向国《ひゅうがのくに》に江戸であることを早馬で知らせるというのがあるんですね。でも今は携帯でしょ。それでも芝居の世界ってそんなんですよね。だからそれをレトロとか懐かしむとか、そういう現状であるからこそ感動してもらえる人の機微っていうんですかね、そういう何かがふーっと伝わればいいですね。

だって今は『君の名は』なんてないでしょ絶対。携帯電話があれば「数寄《すき》屋《や》橋のどこそこにいてるから」「あと二十分遅れるから」。結局芝居ってそういうことですよね。型っていうよりもそういう世の中にいてて、育っている方々が、いかにそういう不便とか道理が合わないとか、倫理的に分からないということを見てもらえるかということですよね。

桂春団治《かつらはるだんじ》はたくさん女の人をつくって、わが子も捨てて、今だったら写真雑誌なんかですごいことになりますでしょ。女の人やったら訴えてやるっていうのがあるでしょうね。そういう世界でもない。だいたい女の人が耐え忍んでいる。そんなん見てもらったときに、「こんなんナイで」というよりも、「かわいそうやな、あの女の人。辛《つら》かったやろな」とか、「子供一人で育てて頑張らはったな」とか、「ようお姉さんのように春団治を支えはったな」、ということを見てもらえるということが私たちの現状ですね。だから殻をやぶるということはないんですけど、いかに今日性があるかということでしょうね。

私らの芝居は、円の相場と一緒です。昔はずっと三百六十円でしたね。私はこの前ハワイに行ったんですけど、百二十円で計算してたんです。喜劇って何かと問われたら円の相場みたいなもんだと思います。今日と明日では全然値段が違うということで。でもちゃんと勉強してないと暴落することもあるということですね。

それには、やっぱり空を見て青いなと思える、雪を見て白いなと思える。母親に何か温かいものでも食べさせてあげたいなとか、お菓子をもらったらみんなに食べてもらわなあかんなとか、寒い外に出たときに「風邪ひいたらあきませんよ」って言う心とか、そういうことやないですかね。

難しいことでもなんでもないですよ。人としての気持ちですよ。

第二部

水

Interviews with people who live like water

落語は世の中万般を語るもの、変わっていい、時代とともに。

桂 米 朝

落語家／人間国宝

Katsura Beicho

1925年、満州大連生まれ。兵庫県姫路で育つ。47年、4代目桂米團治に入門。大阪北新地にて『高津の富』で初舞台。61年、大阪府民劇場奨励賞受賞。63年、芸術祭文部大臣奨励賞受賞。71年、大阪サンケイホール「第1回桂米朝独演会」開催。87年、紫受褒章受章。96年、朝日賞、重要無形文化財各個指定保持者(人間国宝)。2002年、文化功労者顕彰。『桂米朝集成』(岩波書店)、『桂米朝座談』(岩波書店)、『落語と私』(ポプラ社)など著書多数。

世界でも極めて珍しい日本独自の話芸、落語。戦後、ほとんど滅びかけていた上方落語は、上方落語四天王と呼ばれる人たちの活躍で息を吹き返したといわれる。その四天王の一人、円熟の芸で落語界の頂点に立つ人間国宝・桂米朝師匠が静かに語る。

Katsura Beicho

悪条件の中、細々と残って

戦後、ようあんな右見ても左見ても焼け野原の時代に、落語が残ったなあと思いますな。ただ笑うということだけなら、漫才やら新しい芸にはかないませんでしたけどね、やはり落語には落語の味があるんで、そういうことを分かってくれるお客さんもちゃんとありましたな、少ないにしろ。街の中心が焼け野原ですから、大阪人というお客は、みんな疎開をしたり近郷へ散ったりね、なにしろ住む所がないんですからなあ。なにもかも非常に悪条件でしたわね。その中、細々と残っていったんですね。

古い、しっかりした噺家《はなしか》さんたちはみんな老い込んでしまったし、また、高座に登った人たちもかなりの年配でしたから、次々死んでいって、二代目の春団治《はるだんじ》という師匠が、一番お客を呼んだんですが、そのお方も昭和二十六年か、七年かに。私の師匠の米團治《よねだんじ》も二十六年に死んで。まあ、世間の人が名前を知っているような人はどんどんおらんようになってしまいましてね。五代目の松鶴《しょかく》師匠の息子であった、六代目の松鶴は、私の七つ上でしたけどね、そのほかにいた若手らとグループをこしらえたりして。まあ、どうやって食《く》てたんかなと思うぐらい。

松鶴と米之助《よねのすけ》。まあ、春団治はまだ若かったですな。のちに文枝《ぶんし》になりましたけど、あやめなども春団治と同い年で、みんな十代でしたね。そういう細々とした連中がグループをこしらえまして。それこそ闇屋《やみや》の手伝いをしたり、なんでもアルバイト的にやっていたんですよ。

大阪は、ほんとに古い話も新しい話もない、東京と比べてドーンとダメになっていましたんでね。噺家の数もうんと少なかったし。本当に私が意識して掘り起こしたり、古い人を訪ねて教えてもらいにいったり、というようなことで、だいぶ残った話もありますね。ああいうことをせなんだらなくなってた話も、そりゃ十や十五はありますな。

今のように、上方落語がこんなに盛んになるとは思いませんでしたね。それぞれに食っていけないと思ってたのに、それなりに稼ぐようになりましたね。売れっ子が出てきたり、ありがたいことですな。

「明け暮れ」この世界に

今、噺家のなかで内弟子を置いているのはうちぐらいとちゃいまっしゃろかな。東京はみななくなってしもた。戦後はあっちゃこっちゃにありましたよ。東京あたりでも円生《えんしょう》さんや、文楽《ぶんらく》さんとことか、けっこうありましたな。なくなってしもたんやな。一つには住宅事情も関係あるんかなあ。上方では

何からでも取ったろ
という気持ちがあれば、
みんな勉強になるし、
肥やしになりますわ。

Katsura
Beicho

桂米朝

春団治のところも長いこと近年までおりましたね。

これはね、邦楽舞踊の世界でもみな一緒やと思うんですけど、とにかく「明け暮れ」するということですかな。意識するせんにかかわらず、その世界におるわけですから、特に教わらなくてもいつの間にやら知ってしもてたり、体に染《し》み込んでいくんでしょうな。ちょっとした話でもやはり、われわれが符丁《ふちょう》を使《つこ》うたり、そんな分からん言葉を使てるわけやないんですけど、そんでもやはり、違う世界の人が聞いてたら、何を言うてんのや分からんという話を、知らず知らずのうちにしているようですね。内弟子でなくても明け暮れこの世界におったら、いちいち教わらなくても会得《えとく》していくというかね。

いわゆる雑談ですわね。教えようと思ってしゃべっているんやない、また、そういう態度を取ってないんやけど、この世界にいてると、日常会話の中からでも、いつの間にやら教わっている。そういうことがありますわ。

いちいち教えてくれへんねんやけどね。でも、なんとなく分かっていく。師匠が何も言わなくても、兄弟子連中が怒られたりすると、それはええ勉強ですわな。私らのときは東京と違《ちご》て、数えるくらいほどしか古い人がおらなんだですからな。そういうところへ稽古《けいこ》に行く。昔はもっと厳しく、なんじゃかんじゃ言われたんやろけど、若いもんはおらへんし、自分らかてあと何年生きられるやろというような、七十、八十というような大先輩ですからな、もうこいつらに仕込んでおいてやらんと、本物の芸が分からんようになってしまうなあと向こうも思わはったんかもしらんけど、いろんなこと言うてくれましたな。

なんでも勉強なんでもプラス

これは本人の気持ち次第なんですが、落語は、人生、世の中、万般《ばんぱん》のことにわたるわけで、なんでもかんでも勉強になりますし、なんでもかんでもプラスになる、肥やしになる。そんなことばっかりですな。

なんにも私ら知らなんだんですからな。買い物に行ったって、用事を言いつかって出て行ったりしても、こっちがその気になったら、それがなるほど、ああなるほどと。料理屋に行って、そこの親父《おやじ》さんにちょっと目をかけてもらうと、なんやかんや聞かんでも教えてくれたり。こっちに気がなかったらそれまでですけどもね、何からでも取ったろという気持ちがあればね、みんな勉強になるし、肥やしになりますわ。それはこっちの気持ち次第やと思いますね。

私にとって落語は人生のすべてであったと思いますわ。なんでもすぐ落語に引っかけて考えるし。なんで人が笑うかとか、笑わすということを、年中考えているわけではないんですけどね、知らず知らずのうちにそういう意識が働くんですかな。なんでも勉強になりますわ。

お金をもらうのもむずかしいけども、お金をあげるのはもっとむずかしい。あげ方がありますな。人に金をやったら喜ぶ、そんなもんやないでね。プライドもあるし、理由のない金はいただけませんっちゅうヤツもおるしね。人にお金をあげるのもむずかしいですな。

そのときのもらうほうの気持ちも考えないといかんし、状況次第にもよりますし、そういうことを微妙に心理を意識して落語を作り上げていくということをやってきたと思います。

ネタをその通りにしゃべったって、それでええというもんではない。やっぱり世の中が変わってきますからな。それは自覚するしないにかかわらず、世の中の変化というものを意識してんのやろけどね。

世の中が変わってくると、誰もやらんようになってしもうたネタというのはあります。そんなに深く考えなくても、どことなく無意識のうちかも分からんけども、みんながやりたがらんネタになってしもたというものはあります。「このごろ誰もやらんな」ということがあるんです。それにはなんか必ず理由があると思います。時代とか雰囲気とか。世の中が変わってきたら、なんでもないことに抵抗を感じてみたり。やるほうが抵抗を感じたらダメですわな。

もう私も八十でボケてきましたからなあ、今さら偉そうなことは言えまへんけどね(笑)。でもこの間にちょっとずつちょっとずつ、そういう話に対する態度が何十年の間に変わってきているんでしょうな、意識せずに。

むしろ若いもんがやるときに、どういうふうにやるんやろなと思て、興味を持って聞きたい、そんな気持ちがありますね。教えた通り、一言一句そのままなんて、初心の間はそうですけど、しばらく経つと、十年も経つと、みんな我流が出てきますわな。それが微妙にやっぱり違うんですな、時代とともに。

変わっていってていいんですよ。一言一句そのままやっているのが偉いというような、そんなもんでは決してないと思います。

『源氏物語』が人生を決めたアメリカ人

日本に魅せられ、日本を見つめ、日本を論ず

ドナルド・キーン

Donald Keene

コロンビア大学名誉教授
日本文化研究家

1922年、アメリカ・ニューヨーク生まれ。42年、コロンビア大学卒。同大学で修士号(47年)、博士号(51年)を取得。53年、京都大学大学院に留学。55年からコロンビア大学で教鞭を執り始め、89年にはユニバーシティ・プロフェッサー（コロンビア大学における最高教授職）に任命される。78年、ケンブリッジ大学から名誉博士号を授与。『日本文学の歴史』『明治天皇』『思い出の作家たち』など、日米で刊行される著作を多数持つ。コロンビア大学名誉教授。日本文化研究家。日本学士院名誉会員。菊池寛賞、読売文学賞など受賞多数。93年、勲二等旭日重光章受章。02年、文化功労者。

若くして『源氏物語』に魅《み》せられ、日本文学の研究に没頭してこられたドナルド・キーンさん。その目は古典文学にとどまらず、絶望の淵《ふち》からよみがえったさまざまな伝統文化や現代文学、そして作家たちに至るまで、日本文化全般を見つめる。訪日、在住を合わせて日本歴六十余年の碩学《せきがく》が語る「日本見聞録」。

Donald
Keene

「日本」に遭遇

私はアメリカの東海岸で育ちましたので、外国といえばヨーロッパのことで、日本や中国など東洋のことはほとんど知りませんでした。文化とは非常に意味の広い言葉ですが、私の子供のころのおもちゃのほとんどが日本製だったと思います。あのころは、日本製のおもちゃがたいへん流行《はや》ってましたから。しかし私は、日本製かどうか全然問題にしてませんでした。初めて日本を意識したのは、おそらく、十、十一歳のころにもらった子供のための百科事典の別冊に、日本がたくさんの挿絵入りで詳しく紹介されていたのを目にしたときでした。それが日本文化に触れた最初の出来事でした。

しかし、私に強い影響を与えたのは『源氏物語』の英訳（アーサー・ウェイリー訳）でした。一九四〇年、十八歳のとき、ヨーロッパではすでに第二次世界大戦が始まっていました。私は、平和主義者で、どうすれば武器を使わずにドイツ軍を止められるか真剣に悩んでいました。そんなあるとき、ニューヨークの真ん中にあるタイムズ・スクエアの本屋に入ったんです。その本屋は特価品を売っていました。新本ばかりでしたが、非常に安かった。その中に『源氏物語』の英訳がありました。私は世の中に『源氏物語』という本があるなんて全然知りませんでしたが、二冊本で非常に安かったのでそれを買いました。

私は、それを読んでその世界に入ってしまいました。あるいは、その世界へ逃避した、という感じでした。自分の世界、新聞に出ているような世界がますます嫌《いや》でしたから、別の世界に逃げたんです。ともあれ、実際に『源氏物語』を読むと、本当に素晴らしい文学でした。日本の歴史もほとんど知らず、日本に文学があるかどうかも知らなかったのに、この一冊の古典文学に、あっという間に夢中になりました。『源氏物語』は、その後の私の人生を決めたといってもいいでしょう。

日本の作家との交友余話

その後、日本語の通訳将校として太平洋戦争に従軍しましたが、終戦後、何年か京都で暮らしました。一九五〇年代前半、フォード財団から奨学金をもらって、現代の日本文学に日本の古典文学が及ぼす影響について研究していたのです。

そのころ、後に文部大臣になられた永井道雄《ながいみちお》さんが私の京都の下宿の隣に住んでおられて、彼から中央公論社社長の嶋中鵬二《しまなかほうじ》さんを紹介されました。

戦後ロンドンで出会った
最初の日本の方は
中山正善氏でした。

Donald
Keen

そして嶋中さんから、今度は戯曲『夕鶴《ゆうづる》』で有名な木下順二《きのしたじゅんじ》さんや三島由紀《みしまゆき》夫《お》さんを紹介されました。

三島由紀夫さんと初めて会ったのは、東京の歌舞伎座の前でした。話してみるといろんな点で共鳴しましたので食事に行きました。それ以来、彼が亡くなるまで十七年間ずっと友達として付き合いました。とにかく三島さんは大変楽しい、よく笑う人でした。

三島さんというと、一九六八年、川端康成《かわばたやすなり》さんがノーベル文学賞をもらったいきさつの裏に、少し逸話があるんです。一九五七年だったと思いますが、あるデンマークの文学者が、国際ペンクラブ大会のため、二、三週間日本に滞在したことがありました。それだけの理由で彼は、北欧における日本文学の権威になりました。日本文学なら彼に聞いたらいい、そういう常識ができました。そして、スウェーデンアカデミーが日本人にノーベル文学賞をという段階で、彼に意見を聞いたらしいのです。彼はものすごく保守的な人で、しかも三島さんは若い。彼は三島さんの文学を知らなかったし、三島さんのことも知らなかったのですが、常識的に若いから左翼だろうと勘違いし、ノーベル賞は川端がいいと言いました。これは本当かどうかは分かりませんが、でも本人から聞いた話です。彼は威張《いば》ってましたよ。自分が川端にノーベル文学賞をとらせたと、大勢の人の前で言ったんです。私はあまりにもばかばかしいから、三島さんにその話をしました。さすがの三島さんもこのときはちっとも笑いませんでした。

また、歴史小説家として現在の日本人に絶大な人気のある司馬遼太郎《しばりょうたろう》さんも忘れられない人です。彼は本当に親切な人で私の恩人でした。

出版社の企画で対談をしたのが最初の出会いです。いざ話が始まると、私は司馬さんの知識の広さに圧倒されて、緊張のあまり自分が何を話しているのかよく自覚できていませんでした。ところが出来上がった原稿を見ると、司馬さんは案外私が話せるようなテーマを提供してくれていたと気が付きました。

また、あるとき朝日新聞社主催の講演会があって、司馬さんと私が講演をしました。終了後、関係者がレストランに集まってお酒を飲みました。その席で突然司馬さんが立ち上がって、朝日新聞の編集局長に「朝日新聞は駄目《だめ》です」と言い出しました。その編集局長は「エッ」という顔をしました。続けて司馬さんは「明治時代の朝日新聞は駄目だったが、夏目漱石《なつめそうせき》を雇《やと》うことによっていい新聞になったんです。今度、ドナルド・キーンを雇わなければ、今の朝日新聞はいい新聞にならない」と演説したんです。みんな酒席のジョークと思って大笑いしましたが、その数週間後に、朝日新聞から私に客員編集委員になってほしいという電話がありました。

司馬さんは口には出しませんでしたが、日本の新聞は日本人の記者ばかりで、外国人に記事を書かせないのはおかしいと思っているようでした。結局、私は十年間、朝日新聞に在籍し、四回も連載を書くことになったのです。彼はそういう視点でモノを見ることのできる国際派でした。

天理との思い出

話は少し遡《さかのぼ》りますが、終戦後、日本がまだ国際社会に復帰していないころ、イギリスには日本人はほとんどいませんでした。私はケンブリッジ大学に就職したのですが、日本人の学生も教授も一人もいなかったのです。そういう関係もあって、私が日本語を教えることになったのですが、驚いたのは、それまでのケンブリッジ大学での日本語の教え方です。

全然日本語を知らないイギリスの学生に何を教えたかというと、『古今集《こきんしゅう》』でした。どうして『古今集』を選んだかというと、おそらく語彙《ごい》が少なく二千語もないからでしょう。同時に漢字が至って少なく覚えやすい。また『古今集』の文法は非常にはっきりしてますから現代の日本語よりも学びやすいのです。ところが、学生たちが日本語で会話しているのを聞くと、平安時代の庶民のようでした。

それほど日本とイギリスがまだまだ遠かった一九五一年に、私は天理教の二代真柱《しんばしら》(天理教の統理者)・中山正善《なかやましょうぜん》氏に、かの地でお会いしたことがあるのです。戦後ロンドンで出会った最初の日本の方でした。後には何回もお会いすることになるのですが、そのときの出会いが特に印象的でした。私は言われるままに有名な古書店に案内したのですが、そこで中山氏は、「これは全部ほしい」と言われたのが忘れられません。天理の蔵書を充実させようと、それは精力的な方でした。

天理といえば、天理図書館にはずいぶんお世話になりました。重要な書籍もたくさんあるし、なにより図書館の人たちがとても親切で、私の研究をいろいろ助けてくださったのです。私にとって忘れられない良い思い出ですね。

捨てるということ、それが肝心

千　宗　室

Sen
Soshitsu

裏千家・第16代家元

臨済宗大徳寺管長・僧堂師家、中村祖順老師のもとで参禅得度。祖順老師没後、妙心寺・盛永宗興老師のもとで参禅。平成14年12月、裏千家16代家元継承。平成19年まで京都芸術センター館長を務める。

千利休以来、四百数十年、茶の道に徹してきた裏千家茶道。茶道とは、人間にとって大切なものは何か、さらに、いかに生きるべきかを学ぶ精神の道ともいう。茶の道、人の道とは。第十六代裏千家家元が、静かに思いを語った。

Sen Soshitsu

一日一日が「我が師」

雲の微妙な動きが日の光の変化をつくる。その光と雲の状況をつくった風。竹と風がおこす笹《ささ》の葉ずれ音。そのことに気付いて、じっと耳を澄まし、目を向ければ、日々の自然の佇《たたず》まいは、常に何かを教えてくれています。

師匠と言えば、一般に何事かを教えてくださった先生や指導者のことを言いますね。私にも、多くのことを教えてくださった方がいらっしゃいます。

しかし、一日一日、一年一年、積み重ねて今があることを思えば、毎日出会う人、そのすべての人が自分にとっての師匠ですね。もちろんそれが立場の違う人であっても、一人の人間としてその素振《そぶ》りや佇まいを通して教えられることはたくさんあります。いわば「皆が我が師」です。

それは人に限らず、自然や物事の成ってくることからも教えられ、その森羅万象すべてが我が師であることにつながります。その日その日から、いつも新しい何かを学ばせていただけるように思うのです。私にとって毎日、一日一日がいわば師匠です。

その気持ちの元になるものはどういう心持ちなのかと考えてみると、自然への「畏《おそ》れ」を感じるかどうかではないでしょうか。人間は地球に住んでいますね。すると地球は人間のもののように錯覚してしまいがちですが、私たちはあくまで地球に間借りしているのです。自然の力に比べたら自分の存在や力などは非常に小さいものだと気付くと、自然現象すべてが〝おそろしく〟なります。〝おそろしい〟というのは「畏怖《いふ》」の畏れです。その畏れるという感覚が、物事をまっすぐに見る目、感じる心を私に与えてくれています。

茶禅一味

「茶禅一味《ちゃぜんいちみ》」との言葉があるように、茶の道を学ぶということと禅の精神を学ぶことは切っても切れないものです。そのことから言えば、茶の道を先代の姿から学んだように、私に禅の精神を教えてくださった方、それが大徳寺《だいとくじ》の中村祖順《なかむらそじゅん》老師、妙心寺《みょうしんじ》の盛永宗興《もりながそうこう》老師のお二人です。その老師方の佇まいからたくさんのことを学ばせていただきました。老師と一対一で参禅《さんぜん》させていただいたり、相見《しょうけん》させていただきながら伺《うかが》った何げない一言一言、その言葉が十年後に効いてきたりしています。

ある時、私の最初の師である祖順老師から、「坐忘斎《ざぼうさい》」という名前を頂きました。そこで私が愚かだったのは、「坐《すわ》って忘れる」ということを、ドンと座って落ち着いてお茶だけ、ただただ小間《こま》のお茶、侘《わ》び茶だけひたすらすればいいんだと錯覚してしまった。しかし実はそうではなかった。「坐って

畏《おそ》れるという感覚が、
物事をまっすぐに見る目、
感じる心を
私に与えてくれる。

Sen
Soshitsu

千宗室

忘れる」とうことは、すべての執着心、自分をがんじがらめにしているものから解き放されなさいということだった。この家に対しての思いや、それまで本で得た頭でっかちな禅の知識、お茶に対しての知恵、そういったものを全部解き放してしまえということだったんです。私にとって、雨水が天から地面に落ちてくるように、じわりじわりと地面の奥に向かって染み込んでいくような言葉です。

しかし、すべてのことから自分を解き放すということはとても難しいことです。たとえば姿、形を解き放すということ一つとっても難しい。盛永宗興老師も私にかけがえのない教えを下さった師匠の一人です。

ある日、宗興老師が「お前に単《たん》をやる」とおっしゃられた。単とは一人ひとりが坐禅をする場所のことを言います。そして「今、坐っていくか」とおっしゃった。その日、私は別の所へ仕事に行く予定がありましたので背広を着ていました。大徳寺では、坐禅のときは必ず坐禅袴《はかま》を着けて、素足に草履《ぞうり》で通っていました。ですから私は「本日、背広を着ておりますので、あらためて袴を着けて坐らせていただきます」と答えました。すると「ああ、そうか。背広じゃ坐れんかったらそうしたらいい」とおっしゃった。この言葉も初めのうちは気付かなかった。お寺を出て門前に向かって歩いている途中に、はっと気が付いた。「しまった」と思いましたね。「姿形にとらわれるな、要は中身だ」ということだったんです。

今でも私は亡き中村祖順老師、盛永宗興老師と問答するんです。何か分からないことがあると、お二人のお顔を思い出しお尋ねしています。当然、返事は返ってはきませんが、常にこのお二方の傍《そば》にいさせていただいていると思うと、どんなに腹が立つことがあっても気持ちが落ち着くのです。

「茶禅一味」の精神から言っても、そのように禅で学んだことは茶の道にも生きていくと思っております。難解なことをよく禅問答と言いますが、たとえば「隻手《せきしゅ》の音声《おんじょう》」という公案《こうあん》は、片手の音を聞きなさいということです。片手の音はどんなことやと聞かれてどう答えるか。何の音がするんやろ。四苦八苦して、片手の音というから片手を振ってみる。袂《たもと》の音や風の切る音。

あれこれ悩んで必死で頭で考えて、自分の短い人生の中で得た知識を総動員して難しい言葉で凝り固まらせて完全武装したものを老師のところに持っていっても駄目ですね。全部捨てさせるための公案だということが後になって気が付いた。

お茶が教えてくれるもの

お茶を飲むだけであれば、手順を飛ばしもっと簡略化して、例えば台所でポットからお湯を出して点《た》てればいいんじゃないかと言う人もいるでしょう。それはそうかもしれないし、楽でいいでしょう。足も痛くないしね。それが禅で言う公案に対し出した答えが、AさんとBさんでは全く同じになるということに似ています。結果ではなく答えを出すまでのプロセスです。

だからお茶のお点前でも、お茶だけ飲めればいいというなら小道具も何も要らない。何も釜《かま》で湯を沸かすことはない。台所でポットの湯を立ったまま入れればいい。しかしそれでは、釜が少しずつ少しずつ尻を炙《あぶ》られながら、それでも何とかおいしくお湯を沸かそうとするその釜の苦労が欠けてしまう。茶碗《ちゃわん》に湯を入れる時でも、柄杓《ひしゃく》が茶碗を驚かさないように、中の粉の抹茶を驚かさないように加減をしながら入れていく。茶筅《ちゃせん》だって先に釜のお湯と出会わせることによって、準備運動を十分した水泳選手のように柔らかくその穂先を動かしてくれます。これはポットでは分かりません。

ではその作法を覚えればいいのかというとそれも違うように思います。神様と向き合うことで考えれば、例えば、親神《おやがみ》様に対する作法というものも様々《さまざま》あるでしょう。作法も大切ですが、手を合わせることによって自分の心の中を素直に見つめられる目を養う。単に手を合わせるだけではなく、毎日、自らが一歩を進めるという気持ちが大事ではないかと思います。

子供のころから、お寺やお社の前を通り過ぎるときは、仮令《たとい》車で通り過ぎても必ず窓を開けて合掌するか拍手を打つように祖父母に厳しくしつけられました。それは、子供心に、拝むと何か頭が良くなるというような気持ちもありましたが、今から思うと、それは長い間そこに大勢の人たちが通って、心を一つにしてきた、お頼りしてきたという尊い場所の前を車でよぎらせていただきます、失礼申し上げますという気持ちが合掌したり拍手を打ったりする行為になるのでしょう。

人間はいくら偉そうなことを言っていても、自分の元を考えたら、両親がいて、またその両親がいて、またそれを辿《たど》っていけばどれだけの命がこの体の中に流れているか。名前もわからない原始太古の時代まで遡《さかのぼ》って考えれば、この地球の海の中から生まれてきたその生命体までつながっていくのだと思います。それだけたくさんの命が私の中に入っている。その命を私だけじゃなく、周りの人たちも持っている。そのたくさんの命によって自分が生かされているということに気付けば、何か見えてくるものがあるはずですね。

慣れと驕りに流されず

樋　口　久　子

日本女子プロゴルフ協会会長

Higuchi Hisako

1945年、埼玉県川越市生まれ。現役時代はメジャー制覇を含む通算72勝（国内69勝、海外３勝）。87年には、デビュー以来20年連続勝利も達成。96年から日本女子プロゴルフ協会会長。2003年、世界ゴルフ殿堂入り（男女通じて世界で98人目）。2007年、紫綬褒章受章。2008年、国際女子スポーツ殿堂に選ばれる（日本人初）。東京都在住。

厳しい勝負の世界に身を置き、極限の精神状態の中で常にトッププレーヤーであり続け、日本女子プロゴルフ界をリードしてきた樋口久子さん。その中で、精神的、心の支えになったのは何なのか、師と仰ぐお二人の思い出とともにお話しいただいた。

Higuchi Hisako

師、中村寅吉プロ

私は中学まで埼玉県川越《かわごえ》市で陸上をしていて、その陸上を伸ばそうと思って、当時陸上の強かった東京の世田谷《せたがや》にある二階堂《にかいどう》高校に進学しました。そして、姉が東京にいましたので、そこから通学することになったんです。その姉がゴルフ場に勤めていたことが、ゴルフとの出合いというか、ゴルフをするきっかけでした。

日曜日になるといつも姉にくっ付いて職場に遊びに行ってました。ゴルフを覚えたのが、高校一年生の終わりごろです。あとはゴルフが面白くなっちゃって、陸上をやめてゴルフに夢中になりました。

いよいよ高校の卒業が近づいて進学とか就職というときに、「プロゴルファーになってみたら?」という姉の勧めで、まあ運動が好きでしたから、それに、ちょうどそこに中村寅吉《なかむらとらきち》先生という素晴らしい先生がいて、先生は川越カントリークラブというところの社長をしておられましたから、「プロになるんだったら俺《おれ》んとこへ来い」と言われて、私はまた川越に帰ることになるわけです。そして、今度はプロをめざして、実家から川越カントリークラブに通いはじめたのです。

中村寅吉先生は、周りの人は皆、怖い先生だって言ってましたが、当時は女子プロは私しかいませんでしたから(笑)、とても優しく手取り足取り教えてくださいました。

「飛ぶ鳥あとを濁さず」とよくおっしゃって、礼儀なんかもよく教えていただきました。

技術的なものはすべて教えてもらいましたし、先生が現役時代に、私は試合のときだけ先生のキャディーをして一緒にまわらせていただき、言葉では言い表せないようなことをいろいろと学びました。当時ではそういうことは珍しかったんです。キャディーはキャディーしかやらなかったものですし、私はプロゴルファーになりたてのころですが、キャディーをやらせていただいて、試合の雰囲気だとか、先生の考え方だとか、勝負のかけひきだとかも教わりました。

たとえば、当時、先生の「持ち玉」は左に曲がるフックボールだったんです。試合中に、私が、ここはおそらくフックをかけるだろうなと思ったところで、先生はスライスをかけたんですよね。「なんで先生、スライスかけたんですか」って聞いたときに先生は、「フックは常にかけてるから、うまくいくのが当たり前という慣れがある。だから、気持ちが弛《ゆる》まないように、わざとスライスを打って自分を緊張させるんだ。いざというときに、慣れてるとだめなんだ」ということをおっしゃった。たいへん印象深かったことです。

世界殿堂入りは、
神様のおかげでもあるし、
母のおかげでもあります。

Higuchi
Hisako

樋口久子

母という〝師〟

人との出会いというのも、運の強さということでしょうね。もって生まれた運の強さというか、その上に、母の信仰というものの力もあると思います。親が積んでくれた徳を、今、私がもらっているということもあるでしょう。

私は高校を卒業して、川越カントリークラブに就職したときから、また、母と生活しているのですけれども(高一のとき父を亡くす)、そのころというのは多感な時期ですよね。そんなときに、母の考え方や信仰を常にインプットされるわけですよ。こういうときは、こうじゃないか、ああじゃないかっていろいろ母が言うんです。よその母親とちょっと違うんですよね、信仰をしているから。理を説かれるわけですよ。「こうだから、こうだよ」「ああ、そうか」ってね。私も苦しいときは藁《わら》をもつかむ思いですから、そんなときに母は「神様を頼りなさい」とか言うのです。

だから、ゴルフを一日まわるのでも、「今日はなんとか頑張って、あの人を負かして」というのじゃなくて、うちの母は、「欲をかかず、なんとか十八ホール無事にまわってこられるように神様にお願いしなさい」と言うのです。それで、最初に一番のティーグラウンドで太陽に向かって「今日も一日、無事にまわれますように」と、心の中でお願いするんです。「無理な願いはしないでくれって、神様いつもおっしゃってるんだから」って、母はいつもそんな調子です。私は、もう十何年、妹と毎月おぢば(人間創造の元の地点)へ帰らせていただいていますけれど、そういうことが自然と受け入れられるというか、神に頼っていけばいいんだなという感じでさせてもらってます。

母がよく「チャコちゃん(久子さんの愛称)、勝ってもあんたが偉いんじゃないんだよ」ということを言うんですよ。「勝ったら勝ったで、もっともっと頭も気持ちも低くならなきゃいけないよ、人に頭を下げなさい」ってね。

何十年もやってきて、調子の良いときばっかりじゃないですしね、調子が悪くて不安なときもあるし、試合先から母に電話すると「頑張りなさい。神様ついてるよ。悪いときもあれば、いいときもあるんだから」と、いつもそういう会話です。

それから、「腹を立てちゃいけないよ」ってよく言われるんですよ。ラウンドをしていてキャディーさんは、毎週毎週替わるわけですよ。自分と相性のいい人とか、悪い人とかいろいろいますよね。でも腹を立てて怒ったら自分が負けるんですよ、ゴルフでは。母のおかげで、今週はこのキャディーさんが私に与わったんだから一週間お付き合いしなきゃいけないんだって思えて、忍耐強くなりましたね。

考えたら、世界殿堂なんて、入れるわけないのに、神様のおかげでもあるし、母のおかげでもあると思いますね。

将来への種蒔き

昨今の若い女子プロについて思うことは、昔に比べて、今は環境が全然違うということですね。テレビとかのメディアなんかの影響で、ゴルフを始める時期がすごく早くなってますよね。七歳だの八歳だのから始めています。

今は、ゴルフで稼げるということもあるんでしょうね。両親がゴルフをやっているので、小さいうちから親に連れられて始めたとか、とにかく、始める年代がすごく早くなっています。昔と違って、アマチュアの試合も多いし、したがって皆、大会に出る回数も多いですから。やっぱり試合経験を積んでいかないと強くはならないし、今の宮里《みやざと》さんなんかも経験が豊富ですしね。そういう子がプロに転向してきますから、すぐに活躍できるんですよ。

ゴルフというのは、パッと一時期上手《うま》くなっても、ほんとうに活躍できるには十年ぐらいやらないとできないんですよ。一日ぐらいは良いスコアがでても、それを三日も四日も続けるということは技術的にも精神的にも強くないとできないですしね。そういう意味でも、早くゴルフを始めることは大切なことだと思います。

若い人たちが活躍してくれるようになって、ゴルフをしない人までテレビの試合を見てくれるようになりましたし、新聞なんかのメディアの扱いもどんどん大きくなってきていますから、そのためにも、もっともっと若い人が育ってくれればいいなと思います。

協会では、私が会長になってから、ゴルファーとゴルフ・ファンを増やそうということで、ジュニアの育成を始めて十一年目になります。何千人という子供を教えてきたんですけれども、とにかく、将来への種蒔《ま》きですね。

蒔いた種は必ず生えますから。

他人の幸福を喜んだり、
感謝することができたら

写真提供＝(財)ヤマハ音楽振興会

中島みゆき

シンガーソングライター

Nakajima Miyuki

1952年、北海道生まれ。藤女子大学文学部卒業。75年、『アザミ嬢のララバイ』でデビュー。同年、世界歌謡祭『時代』でグランプリを授賞。76年、アルバム『私の声が聞こえますか』をリリース。現在までにオリジナル・アルバム35作品、シングル40作品をリリース。アルバム、ビデオ、コンサート、夜会、ラジオパーソナリティ、ＴＶ・映画のテーマソング、楽曲提供、小説・詩集・エッセイなどの執筆と幅広く活動。

一九七〇年代、八〇年代、九〇年代、二〇〇〇年代と四つの時代（decade）でチャート一位に輝いた唯一のアーティスト。日本を代表する歌姫、中島みゆきさんに〝いまのきもち〟を伺った。

Nakajima
Miyuki

歌とは、会話です

私にとって〝歌う〟ということは、もともとは趣味なんですよね。好きだからやってることなんでね。その趣味がイコール仕事になっちゃってるんで、趣味だけではないですわね。でも、仕事だけのためにやってるんでもないですしね。好きな仕事というわけですかね。運よくね、好きな仕事をやれるのって運がいいんだと思います。何をやりたいのか分からないって悩んでる子供たちとかが、多いそうですからね。自分が何の仕事をやりたいのか探せない。そういう方々を思えば、やりたいことでそのまま仕事やらせてもらえるというのはラッキーだったんでしょうね、私は。

歌というのは、いろんなことを含めた伝達手段。会話でしょうね。私だけが言いたいことを、どんどん人に演説したり、説教したりしていくというものじゃないと思いますね。会話の手段ですんでねえ。私が歌ったことを聴いた方によっていろんな解釈をされるわけです。それがまたコンサートなんかでこっちへ返ってきたとき、同じ歌でも、あっちの席の方と、こっちの席の方とどうも表情がちがうということは、ちがう解釈だ、って思ったりする、その瞬間って面白いわけですよね。ああ、そうはとらない人もいるんだなあ、というふうなことがね、これが、それこそ会話の楽しさでしょうね。

私、近眼なんで、お客さんの表情がそう詳しく見えるはずはないんですけどもね。気配も含めてね。二階席の方でもなんか伝わるときがあるんですよ。「ああ、なんか思い入れがあるんだろうな」という感じがね。その歌詞なり、その曲に対するね。
それはお客さんだけじゃなくて、例えば一緒に演奏してるミュージシャンもそうです。その日、その日でちがう弾き方をしてきますけども、同じこと歌ってんのに「あれっ、今日、ちがう意味にとってる?」というときもあるわけで、そういうやりとりというのがミュージシャンとお客さんの間でもあって、毎日ちがう歌になっていく。それがやっぱり会話ですよね。

私ね、言葉を発するということに関しては、昔から相当とろいんですね。いわゆる、当意即妙《とういそくみょう》、打打発止《ちょうちょうはっし》、みたいのはダメなんですわ(笑)。で、だいぶ経《た》ってから、ああ、ああいうふうに言えばよかったと、後で言葉を反省しちゃうたちなんですね。その場で、パッパッと言えるたちだったら、曲を書いてないで済んだかもしれませんね。ゆっくり、ゆっくり書いてると、まあ、そのうち曲ぐらいにはなるだろうけども、その場でバーッとこれを三分で書けるかというと書けないですよね。だから、ゆっくりゆっくり書いてて、

写真提供=(財)ヤマハ音楽振興会

他人の幸福を喜べることが、
一番の幸福
じゃないでしょうか。

Nakajima
Miyuki

中島みゆき

発表して、やっと会話が始まるということでしょうかね。

日本人の私として考えると、話すときにね、頭の中に漢字を思い浮かべて喋《しゃべ》ってると思うんですね。「あさ」って言ったときに、頭の中に「朝、麻、浅……」とポンポンと漢字を浮かべて、その意味を思い浮かべながら喋ってると思うんですね。そうすると、例えば、モーニングの「朝」という字を見たときでも頭の中で「朝」という字の他の意味もポンポンと浮かぶところが、日本人の言葉の面白さだと思うんですね。これって日本語がややこしい理由にもなっちゃうんでしょうけれども。ひらがなを喋ってるんじゃなくて、漢字を喋ってんじゃないかなと思うんですね。そうすると喋りながら、いろんな意味が頭の中をわらわらわらわらと走り回っている、と考えると、けっこう「裏含み」のある言葉を喋ってんじゃないかなあってね。これって、私はすごく面白いなと思います。そのへんがややこしくて嫌《いや》、という人は嫌なんでしょうけれども。日本語を勉強する外国の方なんかは本当にそのへんが嫌でしょうけれどもね(笑)。

意外な意味にとられるかもしれない楽しみというのもそこらへんかもしれませんね。自分でもまたそうやって発見するときがあるんですね。自分で書いた歌なのに、あれっ、これってちがう意味にもとれる、とかね。そういう面白さ。

数学とちがって国語ってそういう訳のわからん面白さが私は好きでしたね。数学は点数悪かったですけども(笑)。数学の答えは一つなんですよね。国語はね、二重丸じゃなくても、「先生、これバツではないでしょう」っていう面白さってありますよね。

"ちがう"ということを尊敬したい

今はもうだいぶ数としては減ってきてると思いますけれども、男女同権がエスカレートしすぎて、男が男らしく、女が女らしくということは差別であるみたいに突っ走ったブームもありましたよね。おかしいんじゃないかなと思ってましたね。男の人の役割と、女の人の役割はちがって当然だと思うんでね。それをお互いが尊重するかどうかの問題なんであって。ちがってはいけないというのは、問題のすり替えだったと思うんですよね、あれは。ちがうということを否定するか、肯定した上で尊重し合っていくかということに問題はあったと思うんですね。

〝ちがう〟ということを大いに尊敬したいなあと思いますね。女にできないことを男ができるから、「男は偉い、女はダメ」というのじゃなくて、女にできないことが男の方はできるなら、ああそれはありがたい、ぜひお願いしましょう。女は、こっちにやれることがあるんだったら、そりゃ私が引き受けましょう。という役割分担でいけばいいんじゃないでしょうかねえ。それをできない相手に対して侮蔑《ぶべつ》することもないし、できない自分を卑下する必要もないし。

〝ちがう〟から素敵なんでしょうね。男らしさ、女らしさ。過去に「らしい」というのを人を責める道具に使っちゃった失敗があったんでしょうね。人間にとってのね。ネガティブな意味で使われるケースが多かったがゆえに、この男らしい女らしいということ、そのものまでが悪いことであるかのように思われちゃいがちなんですよね。もともとはとってもいいことなのにね。

人の不幸を悲しむ力はみんな持ってる

抽象的な言い方ですけれども、他人の幸福を喜べることが、一番の幸福じゃないでしょうか。なかなかそうはいかないですけれども。人の幸福を喜んだり、感謝することができたら、そしたら、これは生きながらにして極楽だろうなと思うんですよ。自分の幸福だけ探すと、ともすると世界は地獄になるんですけどね。で、他人の幸福を見て妬《ねた》んでるんじゃ、これはやっぱり極楽じゃないんですけどね。他人の幸福を喜んだり、感謝することができたら、こんな極楽はないんじゃないかしら。

他人の不幸を喜ぶのは簡単なんですけどね(笑)。自分の幸福しか考えられない一生ってさみしいでしょうね。なんかね、自分で棺桶《かんおけ》の蓋《ふた》をするようで、さみしい一生でしょうね(笑)。

人の不幸を悲しむやさしさは、みんなあるんですよね。だからね、ここから先も期待できるんじゃないかと、甘く考えてんですけどね。まだ、人の不幸を悲しむ力はみんな持ってると思うんです。でも、もう一歩、人の幸福を喜ぶところまで、なんとか私もなってみたいものですねえ。

天空に円を描き、その一片の弧とならん。

明確な目標とチャレンジする意志をもって生きる

◎スペシャル対談

日野原重明
Hinohara Shigeaki
聖路加国際病院名誉院長・同理事長

村上和雄
Murakami Kazuo
筑波大学名誉教授

●ひのはら・しげあき――1911年、山口県生まれ。37年、京都帝国大学医学部卒業。41年、聖路加国際病院内科医となり、内科医長、院長代理、院長を経て、現在、聖路加国際病院理事長・同名誉院長、聖路加看護学園理事長、(財)ライフ・プランニング・センター理事長はじめ数々の役職を務めている。99年、文化功労者。2000年に「新老人の会」を結成。05年、文化勲章受章。著書に『生きかた上手』(ユーリーグ)、『十歳のきみへ―九十五歳のわたしから』(冨山房インターナショナル)、『いま伝えたい大切なこと』(NHK出版)など多数。

●むらかみ・かずお――1935年、奈良県生まれ。63年、京都大学大学院農学研究科農芸化学専攻、博士課程終了。その後、米国オレゴン医科大学研究員、バンダービルト大学医学部助教授を経て、78年より筑波大学応用生物化学系教授。高血圧の黒幕である酵素「レニン」の遺伝子解読に成功し、世界的に脚光を浴びる。66年、日本学士院賞受賞。現在、筑波大学名誉教授、国際科学振興財団バイオ研究所所長。『陽気ぐらしの遺伝子』(道友社)、『遺伝子オンで生きる』(サンマーク出版)など著書多数。

聖路加《せいろか》国際病院理事長・日野原重明、明治四十四年生まれ、九十六歳。バリバリの現役である。日々の診療のほか、講義、講演、原稿執筆、海外視察などを今も精力的にこなし、スケジュールは五年先までいっぱいだという。その日野原氏に遺伝子学の世界的権威・村上和雄氏が迫る、輝いて生きる秘訣《ひけつ》とは。

Hinohara Shigeaki
Murakami Kazuo

新しい医科大学を創る

日野原　僕は一九一一年に生まれましたから二〇〇七年十月四日で九十六歳になりました。映画でも有名なあのタイタニック号事件の前の年に生まれたんですよ。そのときに父がニューヨークに留学していたんです。タイタニック号のことを日本に手紙を書いて知らせたということを母などが言っていましたね。

村上　私は、先生にお会いするたびに勇気を頂きます。先生は私よりも二十四歳年上の九十六歳、私の父親の年齢なんですけれども、まだバリバリの現役。ますます輝いて生きておられる。先生は私の憧《あこが》れの星なんです。また今は、新しい医科大学の構想をお持ちとのことですが。

日野原　僕は長い間、医学生の教育をもっと高くする効率的な方法を考えていました。今の日本の医学教育は欧米に比べて低いように思います。医師は一生身分が保証されるから、偏差値が高いだけで適性のない学生が入ってくる。そして医学部に入ると勉強しなくなる。日本の大学の医学部で六年間勉強した研修医二年生と、アメリカの大学院の三年生を比べるとアメリカのほうが優秀なんです。

アメリカの大学院大学は、四年制の大学を出てから一、二年働いた後に医学校に入る人が多い。そういう人は医師になる使命感を強く持っているから、猛烈に勉強する、だから伸びるんですよ。授業で出席を取るなんてことは必要ないのです。だから僕は、日本でもしっかりと目的意識を持った人を受け入れる四年生の大学院大学を創《つく》りたいんです。

アメリカやカナダの医学部では入学試験はなくなっている。完全に面接だけ。僕の知っている医科大学でも○×《マルバツ》式の入学試験はやりません。その代わり、だいたい十人もの教授が一人一時間ずつ面接をして何でも聞くわけです。実際に問題を出してその前で解答を言わせます。そして、その人の生活や趣味などのことも聞くのです。高等学校の偏差値が高いだけで、塾で受験勉強の要領を得れば入るというんじゃなくてね、本当の実力は話せば分かるでしょ。最終的には先生方が会議をして、合格者を決めるんです。そうやって通った人は先生が教えなくても自分から勉強する、そんな人を入れれば成功するに決まっています。

憧れの人を目指して

村上　御歳《おんとし》九十六歳、すごいご活躍ぶりで、いよいよ先生は私の憧れの星で

小さな喜び、達成感の
積み重ねが大事。
達成感というのはね、
自分へのご褒美、
健康感とか幸福感をもたらします。
――日野原

目標がなければ、いい遺伝子の
スイッチがONにならない。
そして、目標にチャレンジすることが、
いい遺伝子のスイッチをONにする。
――村上

すね。その先生のエネルギッシュな姿勢はどこから出てくるのでしょうか。

日野原　僕は九十六歳ですが、でも、まだまだやりたいことがいっぱいあります。父がデューク大学に留学していたとき、ロバート・ブラウニングという英国の宗教詩人のことを研究していて、その人の詩に「天空に大きな円を描きなさい。そしてその円は自分で完成させるのではなく、一つの小さな弧になりなさい」という意味の一節があり、僕が中学生のときに父からその意味を話してもらいました。九十五、九十六歳の僕が小さい円を描いたら二、三年でできるでしょ。でも膨大な円を描いたら僕の生きている間にできないのは決まっているから、壮大であればあるほどね。僕は大きなビジョンを提供して、そのうちの小さな弧を実現できればいい。大きな円は後に続く人が完成してくれるでしょ。医科大学を創ろうということもね、大きな円。僕が生存中には完成できないことは分かっているんだけれども、なるべく広げたほうがよいということです。

村上　私は人間というのはいろんな能力、潜在能力があって、憧れの人を持つとその人に近づいていこうということがあると思うんです。学生時代から何人かそういう立派な人に出会いまして、そのときは到底かなわないと思うんですが、そういう人に少しでも近づいていこうと思えば近づいていけるんじゃないかと最近思いだしました。先生にもそういう方がおられるのですか。

日野原　僕のビジョンにもモデルになった人がいるんです。ウィリアム・オスラーという医師で、僕の人生の師であり、人生のモデルなんです。しかしオスラー先生は、一八四九年生まれで一九一九年に亡くなられたから、僕は会っていないんです。オスラー先生は内科医であり、教育者でもありました。患者を大切にする人間味ある診察を医師や医学生に説き、学生を病棟で積極的に学ばせる、アメリカ的な臨床医学の基礎を作った人です。

僕が三十代後半のとき、終戦後ＧＨＱ（連合軍総司令部）に軍病院として接収された聖路加国際病院のメディカルライブラリーで医学雑誌を読んでいるとオスラーという名前が何回も出てくる。それで興味を持ち、当時の院長のバウワー大佐に尋ねると、彼は戦時中病院船に乗っていたとき、毎晩オスラー先生の『平静の心』を読んでいたというんです。戦前までドイツ医学の流れをくんでいた日本には入ってこなかったのですが、中国には日本で印刷された中国語訳のオスラー先生の内科テキストがあったそうです。『平静の心』はオスラー先生の講演集で、医師にとって聖書のような存在になっていました。僕はその本を譲り受け、読むことができ、そして心を打たれました。その中に書かれている「医師にとって最も大切なのは、いかなるときでも平静心を保つこと」という言葉は大切な教えとなっています。僕はオスラー先生を通して臨床医とはどういうものかを知ったのです。

その後『平静の心』(医学書院、一九八三年)を翻訳し、アメリカに留学したときにまだおられた愛弟子《まなでし》二人に会ったりして伝記などを書き心酔していきました。オスラー先生は、医師を志す学生に、医師の仕事の三分の一は医学書に書いていないことだと言って、医学書以外の本を読むことを勧めています。それを医学生のためのベッドサイドライブラリーと呼び、聖書、エピクテトス、マルクス・アウレリウス、シェークスピア、モンテーニュなど十冊を挙げていて、僕もすべて読みました。
僕はオスラー先生のように、研修医の教育をしたり、優秀な人材を集めるために役立つような仕事をまだまだしたいと思っています。

小さな達成感の積み重ね

村上 あと二十四年間は無理かもしれませんが、私の最近のモデルは日野原先生です。しかし、私は医者じゃないのでよく分からないのですが、先生の活動を見ていると、普通の人ではとても真似《まね》できないと思うんですが、先生の日常の生活はどういうものかお聞かせいただきたいのですが。

日野原 例えばね、昨日の僕の生活を見ますとね、朝二時まで原稿を書いて、それから六時半に起きて、そして七時半に病院へ来ました。それから面談や取材、会議などをやったりする合間に一回病棟を回診しているんです。今もホスピス病棟を一時間回診したのでちょっと遅れてしまいました。ホスピス病棟で一時間、一人の患者ですよ。あと四週間ぐらいでもう寿命がないであろうと死を覚悟している患者と、どうして四週間をこれから過ごすかということを診断の間に話をし、研修医やナースがそれを聞きながら患者を理解することを勉強するんです。

ですからお昼は食事する時間がないから、牛乳とクッキー二枚ぐらい。朝もね、牛乳とコーヒーとジュースとオリーブ油をティースプーン一杯。それだけだから、一、二分で済みますね。しかし、それでもお腹《なか》空かないし、のども渇かないです。夜は、ご飯半膳《ぜん》、生野菜をたっぷり、お肉は隔日、魚は毎日、大豆製品はなるべくたくさん食べています。

アメリカの研究で、長生きするには低カロリーがいいという実験データが出ているんです。偶然にもそのデータと同じことを僕自身が必要に迫られてやってきたということは言えるんです。普通の成人の一日の摂取カロリーは大体二二〇〇キロカロリーですが、僕は一三〇〇キロカロリーの食事にしているんです。僕の基礎代謝は一二〇〇キロカロリーなので、一〇〇キロカロリーで僕はこの仕事を全部やらないといけないことになる。でも能率的ですね、人の頭というのはそれほどカロリーを必要としない。

村上　先生と歩いていると速いですからなかなかついていけないときがある。エレベーターやエスカレーターは基本的に利用されず、空港の動く歩道を利用する多くの人を尻目に、その横をさっさと歩かれるお姿は、絶対に百歳近い年齢を思わせませんね。

日野原　僕の場合、例えば東京駅の新幹線ホームに五十四段の階段がありますが、絶対エスカレーターには乗りません。階段を使い、エスカレーターに乗った人と競走するんです。空港でも動く歩道には乗りません。もちろんどちらも苦しくなるけれど「がんばれ、がんばれ」と自らを励ましながら相手を抜かしたときは本当に嬉《うれ》しく、「やったー！」ってなります。また、僕の睡眠時間は平均五時間前後ですが、一週間に一度ぐらい徹夜をして原稿を書くんです。徹夜しても、いい原稿が書けたなあと思うとものすごく気持ちがさわやかになるんです。脳内ホルモンが出るんですね。そういった小さな喜び、達成感の積み重ねが大事だと思います。だから達成感というのはね、自分へのご褒美《ほうび》、健康感とか幸福感をもたらしますね。

さわやかさというのは、全く精神的なもの。確かに山に登ったら体のくたびれはありますよ。でも日常の仕事の肉体的疲労は八割は精神的な労働なんですよ。それが、精神的面で目標に向かっていっているんだというような達成感とか、あるいは仕事ができたし、みんなもそれを評価してくれているというような気持ちを持つと疲労なんか感じられないんです。

村上 達成感が新たなエネルギーをくれるということですね、それでまた新しい目標が持てる。先生は毎日の達成感と一週間、一カ月、一年と、さらには五年先の目的とがうまくマッチされていると私は思いますね。

心も遺伝子を動かす

村上 先生が提唱されている「新老人の会」もいいお仕事ですね。七十一歳の私は正会員になれずジュニア会員なんですが。

日野原　二〇〇〇年九月の発足当初「新老人の会」の資格を七十五歳以上としたのは、戦争を知っている人たちだからということです。二度と戦争を起こしてはならないと子や孫に伝える仕事があるということなんです。そこで孫のような若者たちと一緒にミュージカルを鑑賞するなどして「いのち」や「死」について会話するのが大きなイベントなんです。また、新老人の混声合唱団が少年少女の合唱団と同じ舞台で歌うこともあります。七周年を機に会員を、二十歳から六十歳までを「サポート会員」、六十歳から七十五歳までを「ジュニア会員」、それ以上の方を「シニア会員」としました。老若男女一緒になって生きがいのある社会の実現のために手を携えていこうというわけです。ですから、若さに満ちて輝いていますよ。大きなスピリチュアルのようなものが動いているからでしょうね。

村上　私も、「新老人の会」で食事や家庭環境・家族関係、あるいは宗教も含めた生活慣習に関するあらゆるデータを十年間フォローアップして「なぜ元気なのか？」を遺伝子との関係で調べられていることに協力させていただいておりますが、私は、遺伝子との関係をスピリチュアルなものまで含めて考えたいと思っています。

日野原　僕もね、僕の遺伝子で認知症の遺伝子があるかないか全部調べてもらって、そうしてこの今の生活をして認知症が出るかどうか見てみたいですね。遺伝子以外の日常の生活の習慣、その習慣の中には何を食べるとか、運動するとか、あるいは趣味とかいろんなものがありますが、そういう後天的なわれわれが選択できるような環境が悪い遺伝子を眠らせるとか、いい遺伝子を出すという、その環境の引っ張り出し方がこれからの研究だと思うんです。先生どうですか。

村上　私もそう思いますね。人間はもちろん遺伝子で決まっているところもあるのです。動物の場合はだいたい遺伝子で決まっていると思いますが、人間の場合はですね、環境の中に広い意味では精神的な環境もあるのです。ちょうど今、私は心と遺伝子の研究をやっているんですけど、遺伝子も心にある程度影響を及ぼすだろうけれども、心も遺伝子に影響を及ぼして、その相互作用であろうと思っています。心が身体に影響を及ぼすのは、これは間違いがないわけですよね、そのときに身体のどこに影響を及ぼすかっていうときに、いろいろあるんですが、私は、遺伝子と関係があると思っていますね。

遺伝子が、タンパク質や酵素、ホルモンなどを作るか作らないかを「スイッチが入る・入らない」と言っています。悪い遺伝子があってもOFFなら、病気にならないんです。例えば、楽しいことをやると疲れない。日野原先生は、達成感と目的をしっかり持っておられるから疲れが少ないということになります。逆に、嫌なことをやると非常に疲れるということです。だから私は、心の持ち方と遺伝子の関係には密接な関係があると考え、遺伝子の働き、ON・OFFの仕組みを解こうとしています。

そして、遺伝子はストレスによって動くことは間違いないのですが、ストレスにはネガティブなものだけでなく、ポジティブなストレスもあると考えています。

いですね。

日野原　箱入り娘のようにして風に当てないというのではなく、烈《はげ》しい風に当てなくちゃならないということですね。寒稽古《かんげいこ》のとき裸でも風邪はひかないですね。

村上　私は、「目標がなければ、いい遺伝子のスイッチがONにならない」、そして「目標にチャレンジすることが、いい遺伝子のスイッチをONにする」という仮説を立てています。この仮説をぜひ証明していきたいと思っています。物質的な外的条件だけでなく、気の持ちようといった心的な要因でも遺伝子のON・OFFがあり得ると確信しています。

日野原先生を見ていて、先生の生き方はまさにそういう点では人間の可能性を示すというか、「目標が明確である」という強い動機付けがあって、そこに「チャレンジする」という強い意志と努力があってこそ、いい遺伝子がONになるという生き方のモデルを、私たちに示してくださっているのだと思っています。

第三部 風

Interviews with people who live like wind

幸福をもたらす人生観

──年齢相応の若さこそ

米長邦雄　永世棋聖／日本将棋連盟会長

Yonenaga Kunio

1943年、山梨県生まれ。63年、棋士になる。79年、九段。85年、永世棋聖。93年、名人位。94年、通算１千勝達成。2003年12月、現役を引退。2005年、日本将棋連盟会長に就任。近著に『六十歳以後』(海竜社)。『すきっと』に「飛車角放談」を連載中。

笑いと謙虚さが運命を拓く

私のこれまでの経験を振り返ってみて、人生には広い意味での「運」というものがあって、そのことについて考えたことがあるのです。運には自分の努力で切り拓《ひら》ける運と、定められた運があると感じたんです。しかも、自分で切り拓ける運、つまり実力のほうがはるかに大きな比重を占めるんだと気づきました。

ですから、将棋なら一生懸命勉強して強くなれば、その努力は報われるし、商売をしてる人なら、身を粉にして働けば財を成すということがありますよね。そのときに、一旦《いったん》そうして恵まれたもう一歩先に、実はもっと大きなチャンスがあるんです。そこに至るには、自分の成功なり運なりを周りの人にも分ける心が大切なんだと思うんです。

それと、将棋という勝負の世界に生きてきた私としては、勝利の女神に好かれるには、笑いと謙虚さがどうしても必要だと感じたんです。人間の運命が拓けてゆくためには、人間自身の努力として、笑いと謙虚さをもって生きてゆく姿勢が大変重要だと学んだんです。それは、欲の心を離れ、人生の苦しみから解放されることにもつながりますね。私が親しくさせていただいている学者に、天理教の村上和雄《むらかみかずお》先生がおられますが、村上先生が科学者の立場から同じような話をされたので驚いたことがあります。

教育の基本は「早寝・早起き・朝ご飯」

さて、私は東京都の教育委員を八年間させていただいた関係もあって、日本の教育についていろいろ考えるんです。特に子供たちの学力がだいぶ落ちたと、いま問題になっています。そのときによく比較される国が北欧のフィンランドです。

で、日本の教育学者たちがフィンランドへ行って、日本との違いを研究して帰ってきて、日本の学校教育を変えようとするんですが、どうも間違いが多いんです。

たとえば、フィンランドは日本よりも授業時間が少ないし、教科書も薄いんです。にもかかわらず学習の達成度が高いのはなぜか。一言で言うと、フィンランドは親がいいんです。両国の一番の違いは、学校や授業や教科書ではなくて、親なんですね。

具体的に言うと、かの国では「早寝・早起き・朝ご飯」をやかましく躾《しつ》けます。この生活習慣が大きくくずれてしまっているところに、日本の子供たちの問題があるのです。また、日本の親は、躾《しつけ》や学力を学校に期待しすぎます。反対にフィンランドの親は「学校に一切期待しない」という人が九〇パーセント以上なんです。子供の教育の基本は、本人の意思と親の躾によることを、日本人はもう一度自覚し直す必要があります。

もう一つは、「予習・復習」です。いま、十年に一度の学習指導要領の見直しをして、一週間に一時間や二時間の授業時間の増加の話が出ていますが、

勝利の女神に
好かれるには、
笑いと謙虚さが
どうしても必要です。

Yonenaga
Kunio

米長邦雄

毎日学校から帰ってきて、自分の机で教科書を広げて予習・復習する時間が一時間あれば、それだけで週に五、六時間勉強することになるんですから、その意欲をもって実際にやったら、成績はぐんぐん伸びるものなんです。

つまり、毎日地道に予習・復習して、早寝・早起きをして、朝ご飯をちゃんと食べて登校し、すきっとした頭で授業を受けるというだけのことです。ところが不思議なことに、この一番単純なことを書く人がほとんどいないんです。

僕は将棋をずっとやってきて思うんですが、今の教育には、子供たちが考える——頭脳も心も総動員して考えるという場面がないんですね。また、理論や理屈以前に、ごく自然に考えるということができていないんです。

たとえば、江戸時代の庶民は、今と比べれば、字が書けない、読めない人も多かったですが、じゃあ現代人より人間的に劣っているか、人間性や程度が低かったかというと、決してそんなことはありません。

そして、今の子供たちに大切なことは、人さまのものを盗《と》ってはいけないとか、言葉遣いに気をつけなきゃいけないとか、恩を忘れちゃいけないといった、人間として身につけなけりゃならない徳を教えていくことですね。現代っ子は肥満児が多いといわれますが、それは心についても言えることで、余計な心の脂肪分を外へ出してやって、そしてすきっとした心にいい栄養を与えてやることが重要です。具体的には愛とか、魂の徳分とか、美意識といったものを、もっともっと豊かにしていくことですね。

違う角度から一つ付け加えると、青少年も含めてわれわれ現代人は、デジタルというものに対する取り扱い、あるいは距離の取り方に誤りがあると思います。デジタルというものは非常に便利なもので、これからもどんどん進化していくでしょうが、本来人間の心というのはアナログにできています。それが数字とか客観的評価なども含めて、デジタルの世界に振り回されているのが現状ではないでしょうか。

ょう。

七十歳で恋をしよう!?

ところで、今度は、私自身も含めて中高年の生き方について考えてみましょう。

最近、健康保険との関係で、「後期高齢者」などという言葉が話題になっています。あまり感心しない呼び方で、制度自体も評判が良くありません。ただ、政治の仕事というのは国民から税金を集めて、それを再配分することが中心ですから仕方がない面もありますが、国会議員のレベルでは、仏教で言われる老・病・死などに関することばかりが話し合われていて、現実に生きている私たちの生き方などには関心を払おうとはしません。しかし、私たちの人生にとっては、人間の心のあり方や拠《よ》り所は、避けて通れない重要なテーマです。

そのときに、私が大切だと思うのは、老や病や死といったものから超越し

花や木の移り変わりを楽しみ、
旬の野菜、果物、魚を喜んで、
街を行く女性の美しさに胸をときめかせること
—これが一番すきっとした生き方だと思いますね。

Yonenaga
Kunio

米長邦雄

た、離れた自分というものを磨き上げることです。また、そういう心を自分で涵養《かんよう》することです。いわば「人生大学」とでも言うんでしょうか、自分の人生をある時点から計画、あるいは思い描いて送るべきだと思います。

それで僕が提唱しているのが「七十歳で恋をする」ということです。実際、七十歳になると、先ほどの老も病も死も皆、わが事として現実味を帯びるんです。若いころは二日ぐらい徹夜したって構わないような体力があったのに、背骨が痛いとか、めまいがするとか、神経痛がするとかが当たり前になってくる。少なくとも若いころとはだいぶ違うと思うんです。けれども二十、三十の時には気づかなかったものを、七十歳くらいまでには会得していますね。それを生かさなければ、自分がだんだん劣化するんです。

身体が劣化するのは仕方がないが、精神まで劣化してはだめなんです。つまり、いつまでも若い気持ちを失ってはいけない――これが先ほどの「恋をしよう」という新しい生き方なんです。つまり、自分なりの生きがいを一つは持ちましょう、ということなんです。

私自身のことで言えば、私は将棋の世界で生きてきましたが、これからタイトルを獲《と》るとか、日本一になるなんてことを生きがいにしたとすると、これは失敗です。そうではなくて、何歳になっても将棋を指している自分が楽しいということが大事なんです。実際、これからは私もだんだん弱くなるだろうし、やがてはアマチュアのトップにも勝てないような実力になるでしょう。場合によっては高校生チャンピオンに平手で負けるときだってあるだろうと思うんです。だけどそれ以前に、将棋を指せるということが大きな喜びなんです。

さらに、これからの私の立場は将棋をもっと普及させる、広めるということ——素晴らしい日本の伝統文化だし、教育上素晴らしいものだということを確立して、若者たちに広めていくということが、自分の本業を通しての生きがいなんですね。逆に言うと、私は六十歳で引退したんですが、最後まで勝負にこだわると、どこかに不幸が生じて、私の人生観とはマッチしなくなるわけです。

歳相応の若さを見失わずに

それから、私のような年齢になると、四季の移り変わりを楽しむゆとりや感性を大事にしたいですね。春になると梅が咲き桜が咲く——桜はどこへ見に行こうか、どこのどういう桜なのか。藤棚はどこがいいか、筍《たけのこ》はどこのが美味《うま》いか。四月には桜鯛《さくらだい》はどこへ食べに行こうか。だんだん季節が移って、六月にははもが食べごろになる、と。

花や木の移り変わりを楽しみ、旬の野菜、果物、魚を喜んで、そして街を行く女性の美しさに胸をときめかせること——これが一番すきっとした生き方だと思いますね。

その時に、歳《とし》相応の若さというのがあるんです。これが非情に大事なことなんです。ですから、もう七十五歳になったから後期高齢者で、生き残りの勇者という考え方はだめですね。いつまでも歳相応の若さを見失わないようにしたいと思います。

それは若者が高齢者をどう見るかというよりも、私たち自身のものの見方、考え方の問題です。ともすれば、生きるということは苦しいことだ。それから病気になり老いを重ね、やがて死ぬという不安や恐怖は誰《だれ》にもあるでしょう。

年齢を重ねると、若いころは良かったのにと思うんですね。若いころは体力はあった、肩書はあった、収入はあった、酒も飲めた、女性にもてた……と、いろんなことを思い出して、それから老いるということは残念なことに、だんだん気持ちが沈んでいく――こういうパターンが最も良くないことでしょう。そうではなくて、もっと前向きに、「七十歳で恋をしよう」というぐらいの気持ちで生きていければ、日本は他の国のお手本になるような充実した社会になっていくのではないでしょうか。

こうした考え方や人生観というものが、これからの日本に望むことであり、同時に自分が実践したいし、世の中に広めていきたいことなんです。そして、いま一番心掛けていることは、私と同じような人生観や哲学を持った人たちに声を掛けて、集まってもらって、「じゃあ、みんなで会を作ろうか」というふうになっていけばいいなと考えています。

欲を抑え、晴れ晴れと、すんなりと

神津カンナ　エッセイスト

Kozu
Kanna

1958年、作曲家の神津善行《よしゆき》氏、女優の中村メイコ氏の長女として東京に生まれる。東洋英和女学院高等部卒業。その後、アメリカ・サラ・ローレンス・カレッジで演劇を学ぶ。帰国後第一作『親離れするとき読む本』(集英社) は、体験的家族論として注目され、ベストセラーとなる。以後、執筆活動のほか、テレビ、ラジオの出演、講演、また、公的機関や民間団体の審議委員なども数多く務め精力的に活動している。他の主な著書に『美人女優』(集英社)、『パープル・ドリーム』(実業之日本社) などがある。『すきっと』に「しあわせの構図」を連載中。

一家団欒《だんらん》の産物

わが家は私が小さいころから、家族でご飯を食べているときに、今日あったこととか不思議に思っていること、面白い話なんかをとにかく何でもしゃべる家でした。会話がかなり多い家庭なので、そのなかでプレゼンテーション能力が培《つちか》われたように思います。例えば今日こういうことを面白いと思ったということがあっても、しゃべり方一つで面白くもなるし、面白くならなくなっちゃうことってあります。原稿を書いていても、面白く書こうと思うんですけれども、私が面白い、あるいは悲しいと思ったことを、どういうふうに料理をすると相手に一番よく伝わるかと考えることを、家庭の会話の中でかなりトレーニングされたのではないかという気がします。

この話はみんなビックリするぞと思っても、「へー」で済まされたりすると、「なんでだー」と思うわけですよ。つまり、それはもうみんなが知っていることで、私だけが知らなくて恥をかいたという場合もありますし、すごいと思ったことを話すと「どこがすごいの？」って聞かれて、こうこうこういうところがすごいのよって言うと、母が「へー、それはすごいわね」とは言うんだけれども、驚きがなかったという場合もあります。そういう積み重ねは、今にして思うと、相当なトレーニングだったと思いますね。

エッセーなどを書くようになって、「うん、これを書こう」と思ったときには、私はこれを見てすごく幸せに思った、なんで幸せに思ったかというとこういう理由からなんだということがそこにはあるわけです。だけど、その表現の仕方を磨かないと、私が思ったようになかなか伝わらなかったり、言葉足らずだったり、曲解を生んでしまったり、あらぬところにいってしまってまとまりがつかなくなったりということが起こります。それを表現するときに、どれぐらい手間をかけたり磨いたりできるかというところから、ステップアップが始まるのではないかという気がしているんです。

だからどんなにいいネタ、例えば新鮮な超高級大間《おおま》のマグロみたいな、すっごいニュースなら、あまりその人の能力は関係ないですけど、そんな大間のマグロみたいなネタはそうそうないので、自分のところにあるちっちゃな、でも自分がおもしろいと思ったネタをどうやって食べていただくか、おいしいと思って口の中に入れていただくか、そういうことを考えるのが割と好きなんですね。

でも、本当にネタがなくて、書くことがなくてさすがに困っちゃうこともよくありますよ。ただ、ネタはどこにでもあるんです。ネタを探していると、無駄な時間ってないなと思えるようになってきました。

例えば、この前病院へ行って待合室ですごく長い時間待たされたんですけど、持って行った本をずっと読んでるのも疲れちゃう。そうなると、待合室にいる人を一人ひとりじーっと見て、勝手に頭の中でいろいろ考えて創作するわけです。その人の着ているものとか、立ち居振る舞いとか、そういうのを見ながらバックグラウンドとか、どこに住んでいるかとか、そんなようなことを想像しながら待っていると、病院の待合室で待っている人を書くとき

既成概念、先入観から
解き放たれて
ものを考える時間を
持っていないと、
すべて当たり前って
いうふうになってしまう。

Kozu
Kanna

神津カンナ

にはこういうことが書けるなと。つまり普段、面倒くさい、嫌だなと思われる時間も、考え方によっては非常にいい勉強になる時間でもあるので、そういうものを楽しめるようになったことは、この仕事をしている特権かなと思います。

父の思慮深さ

父は結構ものの考え方を追及してくる人なんです。例えば普通にしゃべっていても「上はどっちだ」と聞いてきて、「そんなの当たり前じゃない」と言って頭の上を指差した瞬間、「じゃあいま、ブラジルの人はどこを上だと思ってるんだ」と返ってくるわけです。「地球上の人がみんな上を指差すとウニの殻みたいになるんだ。そのときお前は上をどっちだと言うつもりだ」という、変な議論を突然ふっかけてくるんです。地球はぐるぐる回っているから、上っていったって絶えず動いているし、世界中の人の上っていったらあっちこっちになってしまうし、上はどこかという質問に答えるのは実際、非常に難しいという、そういう論理展開になっちゃうんです。だから、当たり前だと思い過ぎるなとか、自分の思っていることだけが正しいと思い過ぎるなと。理屈っぽいんですよ、父は（笑）。

あるいは、「トイレに行けば出てきて手を洗うけれども、順番がおかしくないか」と言ったかと思うと、「トイレに入って用を足して雑菌が付いているから手を洗うわけだけれども、手を洗う前にパンツをはいたり身だしなみを整えるから、手はきれいになってもいろんなところに雑菌が全部くっついてしまう。男の人のベルトのバックルは一番汚い」とかブツブツ言うわけですよ。しょっちゅうそういう奇妙なことをいろいろ言うんです。

結局、既成概念とか、独り善がりや先入観、そういうものにとらわれちゃうのが人間だけど、なるべくそういうものから解き放たれてものを考える時間を持っていないと、すべて当たり前っていうふうになってしまう。当たり前だと思っていることでも案外そうではないというものもたくさんあるぞ…

…。これが父の教えの中では、私にとって一番大きかったような気がします。

そう思うと、例えば街を歩いていてどこかのお家《うち》からピアノの音が聞こえてきたら、そこのお嬢さんが弾いているんだろうなと、なんの疑いもなく思って通り過ぎますが、実際はそこの家のお父さんがステテコ一枚で弾いているかもしれないわけで、そんなことは決められないことなんだけど、普段、勝手に頭の中で情報処理をして生きているところってすごく多いと思います。もちろん四六時中そんなふうに考えていたら生きていけませんけど、放っておくとそういうふうに勝手に自分の頭の中で自分にいいように処理をしていくのが人間だとしたら、ものを書いたり考えたりするときに、自分の先入観がどのぐらい深いかというようなことを見てみると面白いなと思います。

「私はこう思う」というのを書かないと物書きとしては失格ですけれど、物を書くようになって、私はこう思う、だけどちょっと待てよ、これをこういう角度から見たらぜんぜん違うことになるだろうなと、自分の中でちょっと立ち止まって、いろんな角度から見るという癖《くせ》が付いたのではないかなと思

自分の心の中での欲望との戦いを
すっきりさせておかないと、
後ですごいしっぺ返しを受けてしまう、
そういう種をまくことになるんじゃないか
という気がしてね……。

Kozu
Kanna

最近は円周率を覚えることにハマっている

います。

母のいさぎよさ

母はすごく変わった人で、二歳半から仕事をするようになり、ほとんど学校も行かずに仕事をし続けて、もう七十年ぐらい仕事をしている恐ろしい人なんです（笑）。結婚したのが二十三歳のときで、私を二十四で産んで子供は三人。お姑《しゅうとめ》さんと一緒に住んでいる時期もあったし、その中で子供を産み育て、「メイコさん、えらいですね」っていろんな方がおっしゃいます。

あるとき、仕事をする上で「私は二軍でいいと思った」と言ったんです。女優さんだったらいい女優になりたい、有名になりたい、いい仕事をしたいと、いろんな欲望があるんでしょうけども、あるときから、結婚もしたんだし、子供にも恵まれたし、その子たちも元気に生きているわけだからこれ以上、あまり望むのはやめようと思うようになったそうです。欲張りではないんですね。私も、もっともっとと思ったら、やっぱりどこかでバチがあたるだろうという感覚を持ってるところがあります。

母には、ここまでできたんだからもう十分だという、いさぎよさがあります。七十を過ぎた母に「どんな仕事がしたいの」と聞いたら、七十過ぎてもまだ仕事がくる、依頼があるということ自体が感謝に値することなので、できるだけ来た仕事をありがたくこなす、断らないでこなしていくというのが今の自分のテーマだ、みたいなことを言うんです。

そんな母を見ていると、なんか自分は強欲だなと思うときがあります。あれもしたいこれもしたい、もっとこんな仕事がしたい、もっと本が売れたいとかね。でもやっぱり、「足るを知る」ではないけれど、私はこれだけのことをさせてもらっているんだから、これはちょっと我慢しなきゃねっていうようなものを持つべきなんだと思います。そういう自分の心の中での欲望との戦いをすっきり、すきっとさせておかないと、後ですごいしっぺ返しを受ける瞬間も出てきちゃうかもしれないし、そういう種をまいちゃうことになるんじゃないかという気がしてね。ある意味では、母からは生きる上でのいさぎよさとか欲のなさとか、そういうものを学びますね。

欲のコントロールの時代

欲というのは必ず誰にでもあるもので、私の中にも食欲もあるし、お酒も好きだし、「どうしても今日は飲みたい!」(笑)とかそういう欲はいろいろあります。それは生きる力でも当然あるわけです。でもそれをどれぐらいコントロールする力が自分にあるかっていうこともすごく大切なことで、私はいまの日本の社会では、欲のコントロール能力というのが全体的に低下していると思うんですよね。

例えば食べ物にしたって、中国製冷凍ギョーザ事件のときにさんざん言われていたけども、日本の食糧の自給率が三九パーセントだって。いつからだろうと思って調べてみたら、私は一九五八年生まれですけど、一九六〇年は自給率が八〇パーセントだった。ということは私が生きている間に半分になっちゃったということで、「なんで？」って思うわけ。ほかの国を見てみると、オーストラリアなんて二三〇パーセント。アメリカ、カナダ、フランスも一〇〇パーセント以上。先進国といわれる国で、自国の国民を食糧でまかなえないような国なんて本当に少ないんですよ。そのなかでも日本は最低のラインだと思います。

そういうのを見ていても、例えば私たちの、もっと安いものを、もっとおいしいものを、もっとめずらしいものをっていう欲望が結局、ある意味では日本の農業を潰《つぶ》したのかもしれないし、地元の商店街が潰れたのも、もっと品揃《ぞろ》えがなきゃいやだ、もっと楽しくきれいにディスプレーしてある所じゃなきゃいやだっていう、いろんな欲によるものですよね。

私は欲はいけないとは思わないんですが、そのコントロール能力というものが、ここしばらくの間にそこまで甚《はなは》だしく欠けたのかなって愕然《がくぜん》とします。もちろん一つひとつ言ったらきりがないし、年金制度とか医療制度とか、もういいかげんにしてっていうものもたくさんあるけれども、でもわれわれの、少なく払ってたくさんもらおうと思う気持ちとか、医療費も安く安くという気持ち、それはそれにこしたことないんだけれども、どこぐらいで私たちは満足するかっていうことを全部自分につきつけられている時代なんじゃないかと思うんですよね。食も安けりゃいいのか、あるいは若い子が、自分でお金を稼いでいなくても自分の車に乗れているということが普通のようだけれども、本当にそれでいいのかということなども含めて、やはり欲のコントロールの時代なんじゃないかなという気がします。

地球環境とかいうものも、人間の欲のコントロールが試されているようなところがあると思うのですが、小さなことで言ったならば、暮らしの中で自分の欲をいかにコントロールできるか。世の中のいろんな問題にしても、それは自分が得したほうがいいし、楽なほうがいいけど、本当にそれでいいかどうかということを考えられる人間を育てていかないと、多分日本だけではないとは思うんですけど、苦しい世界になるんじゃないかなと思います。

〝すきっと〟のイメージ

私の好きな言葉は、岡本太郎《おかもとたろう》さんの「逃げない、晴れ晴れと立ち向かう」という言葉なんです。「逃げない、立ち向かう」だけだと、すごく強い感じもするし、逃げないで立ち向かっていくという、すごく正々堂々とした感じがもちろんあるんですけど、そこに「晴れ晴れと」っていうのが付いていると、堂々と、断固として立ち向かうというのとはちょっと違うニュアンスが感じられる。私はこれが「すきっと」につながっているのかなといつも思うんです。

嫌なことってたくさんあって、私も逃げてしまう弱いところもあるし、そういうときにはとても恥ずかしく思ったりということも当然、人生の中には何度もあります。でも、大変なことでも、いざ立ち向かおうと思ったときに、堂々ととか、自信を持ってとか、歯をくいしばってとかというよりは、晴れ晴れと、「よし分かった、これはもう引き受けた」っていう気持ちで何かに向かっていくというのが、すごくきれいな感じがして好きなんですよね。

　だから「すきっと」という言葉を聞いたときに一番思うのは、晴れ晴れと、すんなりとしている感じ。それがたとえ苦痛なことに向かっていても、悲しいことに向かっていても、それを一回飲み込んで、自分の中で浄化させる。そこには宗教の力を借りる瞬間もあるかもしれないし、精神の葛藤《かっとう》を乗り越えなければならないこともあるかもしれないけれども、そうしたうえで晴れ晴れと、そのものに向かっていけるようになることが、すきっとした生き方かなと思うんです。そうしたいとは思っていてもなかなかうまくはいかないんですけど、そう生きたいなと思っています。

すきっと生きるって、精神的に自立すること

市田ひろみ　服飾評論家／エッセイスト

Ichida Hiromi

1953年、京都府立大学国文科卒。重役秘書、女優、美容師などを経て、現在は服飾評論家、エッセイスト、市田美容室代表取締役社長、大学講師、日本和装師会会長のほか、書家、画家としても活躍。講演会で日本中を駆けめぐるかたわら、民族衣装を求めて世界中を旅している。テレビＣＭの〝お茶のおばさん〟としても親しまれる。2001年、厚生労働大臣より「卓越技能者表彰」を受賞。著書に『「絆」この笑顔をささえたもの』(角川書店)、『「ありがとう」と言える人、言えない人』(講談社)、『衣裳の工芸』(求龍堂)ほか多数。『すきっと』５～７号に「ほっこり・えっせい」を執筆。

我慢するところはして、自分が幸せになりたいと思って生きる

私もすきっと生きたいと思ってるんですけど、人間関係の中でドロドロした環境に身を置かなきゃならないときもある。人はいろんな夢を持っていると思うんですけど、なかなか夢の通りの人生を歩けない人のほうが多い。そして、人間関係っていうのは、すきっとはいかない場合があると思うんですよ。

私が一番嫌いなタイプっていうのは、悪口で群れる人。三人なり四人なり、いつも群れているんだけど、話題っていうのは人の悪口。同僚の悪口であったり、部長や社長の悪口だったり、そういうので群れている人っていうのは、一番好きでないタイプの人ですね。自分が弱いから、引っ張られて群れていくんじゃないかなって思うんですけど。

もう一つは、特に男性なんだけど、私の場合は女性が仕事を持つっていう

のは少し時代が早かったから、ずいぶん男性の嫉妬《しっと》とかいじめというのがありましたよ。そのとき、つくづく魅力ある男性と、あの人は嫌《いや》と思う人の壁ってなんだろうと思ったんですよ。一つは、弱い者に強く、強い者に弱い男。自分よりも低い人、力のない人にはきつく当たって、自分より上の人にはへこへこしてってていうタイプの男性をたくさん見てきました。ああいう男は嫌やなと思いましたよね。

それから、私の仕事の一つに人生相談があるんですが、寄せられる悩みの中には、ただ聞いてほしいってだけで書いてらっしゃるようなのもあるんですよ。まあ六〇パーセントぐらいは家庭の中の嫌な事、あと会社、同僚のこととか、なんかうらみ節というか、「聞いて！」っていう感じで。でも人をうらんでも幸せにはなれないと思うんですよ。だからすきっとして生きたいと思えば、我慢するところはして、自分が幸せになりたいと思ったほうがいいんじゃないかな、というのが私の結論なんです。

精神的に自立している人

今は就職活動とかすごく大変で、一人が八社も十社も十五社も受ける。それで、大手の会社だと、第五次、第六次、第七次面接とか、筆記試験の繰り返し。だけど大手の会社の人に聞くと、やっぱり最後は人柄。その人がどんなふうに生きてきたかっていうのが就職試験の面接で出るんじゃないかな。

だから、どんなブランドの服を着ても、どんなにお金持ちであっても、人の内面というのは、家庭での育ち方から築かれていくだろうし、もしかしたら強いものに弱く、弱いものに強いっていうのは、その人の父親の姿かもしれない。

今の社会は、家族三代で住んでるところというのはすごく少ないんですよね。年末にどこかの雑誌社がおせち料理を特集したいというので、親子三代で家庭の味を作っておられる人を探してくださいって言ったところが、ない

叱ってくれる人が
そばにいないっていうのが、
その人にとっては
不幸じゃないのかな。

Ichida
Hiromi

市田ひろみ

んですよね。息子夫婦、娘夫婦はスープの冷めない距離って、昔よく言いましたよね。近くに住んでる人はあるんだけど、「どうして一緒に住まないの?」って言ったら、お嫁さん側は、家庭は自分たちファミリーだけのものよって言うし、おばあちゃんは、一人のほうが気楽やと。自分が一人で生きることを選択してるんだって言うんですよ。これは今の新しい生き方のように思うんですね。

一生を考えれば、若いころというのは生き方も選択できるし、今の世の中すごく環境が自由な時代だから、若い人にとって今は得してるかもしれない。でも、私がいつも言ってきた、叱《しか》ってくれる人がそばにいないっていうのが、その人にとっては不幸じゃないのかな。良いこと、悪いことを子供の間に教えてくれる人がいないということ。今、学校教育の中でも徹底してないし、昔の修身の授業や、天理教とか他の宗教の教えでは、こういうことしちゃだめよとか、こういうことしなくちゃだめよっていう道しるべを持ってると思うんですけど、それに触れ合うことのない人は、おそらく自分はすきっと生きたいんだけど、周囲の環境や友達がそれを許さない。自分は間違ってないと思うんだけど、周囲の環境や友達が許さない。だから、すきっと生きるっていうのは、結局は一人で精神的に自立している人だっていうことなんじゃないかな。

誘われる人になること

私が講演の中でよく言っているんですが、「誘われる人」になったほうがいい。例えば、今晩ご飯食べに行こうかっていうときに、「あの人はいい人ね、それにあの人も誘おう」とね。「でもあの人はやめとこう」というのは、どうしてかって言うと、「口の中にいっぱい頬張《ほおば》ったまましゃべるから」となってしまう。結局誰《だれ》に聞いても、誘われる側に名前が出る人と、誘われない側にはじかれる人と、だいたい一緒なんですね。

だけど、食べるマナーが悪いというのは、子供のときに習ってないといけない。大人になってそんなの誰も注意する人いませんよ。それはやっぱり小さいときからの延長線上にあるマナーじゃないかな。いつも私は書いてきたけど、「ありがとう」とか「ごめんなさい」とか、あいさつができない人はどこまでいっても人間関係が築けないと思うんですよ。

このあいだ、ある出張に行ったとき、朝食バイキングで私の席の隣に、おばあちゃんとお母さんと赤ちゃんと、それから四歳か五歳ぐらいの女の子が来たんですよ。そしたら、その四歳か五歳ぐらいの女の子が、「いただきます、召《め》し上がれ」って言ったんです。「あれ？」って思って。おそらく、いつもその子が「いただきます」って言うと、お母さんかおばあちゃんかが、「召し上がれ」っておっしゃるんでしょうね。それを子供は一つの言葉のように思ってるんじゃないでしょうか。こんな四歳か五歳の子が、「勝手に食べたらいいがな！」じゃなくてね、「召し上がれ」という言葉が頭の中に入ってるんですよね。おそらく、いい躾《しつけ》ができているんでしょうね。

人間づくりというのは、親の腕の中にいる間から始まっているんです。十

「ありがとう」とか「ごめんなさい」とか、あいさつができない人はどこまでいっても人間関係が築けないと思うんですよ。

Ichida Hiromi

市田ひろみ

六、七の思春期になってから、「こんなことしたらあかん、こんなことせなあかん」と言ったって、反抗期に入ってから言うのでは無理だと思うんです。自分がある程度訓練をしていれば行儀よく生きられるんで、それがないから人間関係がうまく築けないいんじゃないかなって思うんですよね。

生きる条件をわきまえている人

私の親は明治生まれですので、父も母も厳しい人でした。父は九十四歳、母は九十六歳で他界いたしましたけども、本当に立派だったと思うんです。このあいだ仕事で『論語』を読んだんですよ。孔子《こうし》のあの言葉を読みまして、親がそんな『論語』を勉強したはずがないんですけど、真理は一緒なんですよね。「恩を忘れたらあかん」とか「弱い者いじめしたらあかん」とかね。『論語』を読んでるとね、こういうことって、私は親の言葉と思ってたけれども、実は孔子様の言葉やったんやなあと思って感心して読んでたんですけどね。

「借りたものはちゃんと返さんとあかんよ。ずっと借りてたらあかん、すぐ返さなあかん」「人に物をもらったらありがとうって言いなさい」「親切にしてもらったらありがとうって言いなさい」とね、親の呪文《じゅもん》みたいに、私ら子供にすれば「また同じこと言うてる」と思ってるわけです。でもそうした繰り返しが、血の中、肉の中ににじんでいくわけですね。一生の財産になってるんじゃないかなと思うんです。

今はちょっと注意するとふくれる、ぽいっと飛び出す。結局は耳を傾けないことで、失うものが大きいんじゃないかな。本当に注意されたり、叱られたりしないでそのまま大きくなっていく人っていうのは、すきっとは生きられないだろうな。すきっとっていうのは、生きる条件をわきまえている人っていうことじゃないでしょうか。

教養のある人は、お腹の中が読める人

「石橋を叩《たた》いて渡る」ということ。いいお話とか面白いお話、儲《もう》かる話ほど、すぐに飛び付かないで石橋を叩いて渡る、慎重に慎重に。

「石橋なんか折れることないけれども、叩いてから大丈夫と思ったら渡る」とか、「悪口は言ったらあかん。天に向かって唾《つば》吐いたら自分の顔に落ちてくる」とか、「努力したら必ず実る」とか。また、「泣いたら負けや」、自分に負けたらだめっていうことですよね。それから、「いじめられたら、泣くんじゃなくて見返すように。勉強して見返したらいいんだ」というようなことをよく言ってましたね。もう明治の親はみんなそういうことを言ったと思いますよ。特にうちの親が偉かったんじゃなくて、これは普通のことなんだと思います。

今の親が、どれぐらい子供の教育に口出しをしているのかよく分かりませ

んけど、叱るお父さんもお母さんも若い。どこでどういうふうに教えていいのか分からない。これはやっぱりその人の教養の問題で、教養のある人っていうのは、人のお腹《なか》の中が読める人だと思うんですよ。人の心の中を読める人。こんなこと言ったらあの人は傷つくとか、こういうことしてあげたら喜んでくれるとか。なんかそういう人の心の中が読める人のことを、教養のある人と言うんじゃないでしょうかね。人間関係の基本だと思うんですよ。

今は非常に言葉が軽くて、その言葉の持つ責任とか重さっていうのが、本当になくなってしまった。若い人はよく「頑張ってー」とか「頑張れよー」とか言うけれども、何をどう頑張るのかさっぱり分からない。ちょっとあいさつみたいなもんになってしまっているように思います。

衣食足りて礼節を失った

「衣食足りて礼節を知る」という言葉がありますけれども、日本はもう衣食足りてるんですよ。それで礼節を忘れたと思うんです。私が世界中の民族衣装を求めて行くところというのは、電気やガス、水道の恩恵を受けることもなく、政治や文明の狭間《はざま》に取り残されている人の村、地図に名前が載ってないようなところへ行って、衣装を買うんです。貧しいところほど、家族が支え合って生きていると思うんです。今、日本の家族関係が希薄になっているのは、豊かになったからじゃないかな。家族同士で支え合わなくても、一人ひとり生きられるっていうことじゃないかなと思いますね。

教育っていうといつも後回しになるんですよね。国民の何が大事かっていうことを考えないと、一人がいくら叫んだってだめだし、どんなにたくさん共感者がいたって、行政に反映しないと変わらないと思うんです。昔の日本で罪を犯す人っていうのは、貧しくてやむを得ずっていうふうなかたちが多かったでしょ。でも今、親が子を殺したり、子が親を殺したり、兄弟で殺し合ったり、決して貧しかったからという理由ではないと思うんですよね。人間にとって一番大事なのは命だし、命というものがどういうものであるかということは、小学校の先生が小学校のときに教えてあげないといけないし、自分の命も大事だけど、他人の命も、誰の命だって命っていうのは一つしかないっていうことを子供たちに、なんか先生のやり方で教えることができないのかな。

先生の中には、すごく優秀な人、有能な人もいらっしゃると思うんだけど、まずは自分が失敗して、もうこんなこと二度としないという体験、昔は鉛筆を削っていて手を切って、「ああ痛い」という痛みの中から、「ああ、こんなんしたから切れたんや。もう気いつけよ」とかね、そういう痛みの中から真実を知ることが多かったんですよ。今は、痛みの中からそういうことを知る機会が少なくなったから、その分何らかの方法で、命の大切さを教える方法はないのかなと思って、私は講演の中でだいたいそういうお話をしているんですけどね。

講演を聞きに来ている人って、もうすでに考え方が出来上がってる人たちなんですよね。他人の話として聞く人もいれば、あるいは力をもらったっていう人もおられる。女性でも勉強すればこんな仕事ができるんだと思う人もあれば、受け取り方はいろいろだと思うんですけど。言葉っていうのは通じて初めて言葉ですから。でも私みたいに、仕事を通して言葉の通じない人と仕事をしてきた人っていうのは、そうはいないと思うんですけどね。世界中百カ国以上歩きましたからね。

そんな経験の中で感じるのは、衣食足りて礼節を失ったのは日本、ということでしょうね。

◎いごっそ対談

来世は流木がいい

酒を酌み 俳句に写す 往く旅路

中城健雄
Nakajo Tateo
劇画家

吉田　類
Yoshida Rui
酒場詩人

●なかじょう・たてお
1938年、高知県生まれ。56年、天理教修養科をおえて上京、漫画家を志す。週刊サンケイ『ボディガード・牙』、少年キング『泣き虫とうちゃん』(中城けん)などで人気を博す。87〜90年、道友社刊『劇画教祖物語(全5巻)』作画担当。『カラテ地獄変・牙』が89年講談社から再出版、90年秋、日本映像からアニメビデオ発売。天理教森高分教会長。『すきっと』に「スケッチ紀行」を連載中。

●よしだ・るい
1949年、高知県生まれ。シュール・アートの画家として活動、パリを起点に渡欧を繰り返す。後にイラストレーターに転身し、90年代からは酒場や旅をテーマに執筆を始める。句会「舟」を主宰。著書に『酒場歳時記』(日本放送出版協会)、『酒場のオキテ』(青春出版社)など多数。『すきっと』4〜6号、8号の「オトナの放課後」に登場。

酒場から酒場へ酒と肴《さかな》を求めさまよい歩く……。TBS、BS-iの人気番組『酒場放浪記』のパーソナリティー・吉田類氏。そして、かつて梶原《かじわら》一騎《いっき》氏とのコンビで数々のヒットを生み出し、劇画界で活躍された中城健雄氏。『すきっと』ではすでにお馴染《なじ》みのご両人、共に土佐の血を継ぐ〝いごっそ〟。その〝いごっそ〟二人が天理で初顔合わせ、大いに語る、酒、俳句、そして旅——。

Nakajo Tateo
Yoshida Rui

いごっそDNAの出会い

吉田　僕も昔読んだんですが、中城先生の『カラテ地獄変《じごくへん》』、あの題材はどうやって取られたんですか。

中城　原作が、梶原一騎ですから。梶原は僕の画《え》のページの量が分かっているんで、劇画原稿に移すのが十五分で済んじゃいました。彼はそこがすごくうまかった。

吉田　僕は、描く側も、ある意味空手の訓練やっとかないと描けないんじゃないかと思ったんですけど。

中城　僕は全然やってません。

吉田　おかしいですねえ（笑）。腕の曲がり具合も、肩の位置もビシッと決まっているし。経験がなければ描けないじゃないですか。だから当然空手をやってらっしゃるとばっかり思ってたんですよ。

中城　それは原作のモデルになった大山倍達《おおやまますたつ》さんにも言われましたよ。うまいって。よく分かってるって。そのうち強くなるから極真《きょくしん》に入れ、入れって言われましたけどね。入りませんでした。でも僕は極真の三段はもらったんですよ。黒帯三段。というのはね、連載を始めるときに、一応モデルだから、梶原と一緒にあいさつに行ったんですよ。ちょうど大山さんが他流派ともめてるときでね、極真の事務所がピリピリしてたんです。僕はそのころ百キロぐらいあってね、髭《ひげ》を生やして、長髪で髪を後ろで結んでいたんです。そしてサングラスでしょ。誰かさんみたいなんですよ。大山館長を極真会館の前で待っていると、リムジンで館長が帰ってきたんですよ。館長もサングラスかけてね、ピリピリしてるんです。リムジンから降りるとツカツカと僕のところに来てね、あのでかい顔を、鼻先が付くぐらい近づけてきたんですよ。怖かったですよ。それでひと言、低音でね、僕に「やるのか」って言ったんです。本当に。素人にですよ。

吉田 連載をやるのかって……？

中城 ケンカですよ。僕は人相悪いし、もめてる相手が来たと思ったんじゃないですか？ それでね、後で大笑いになって、事務所で「天下の大山倍達さんが素人に、やるのかって言っちゃまずいでしょ」って言って、三段もらったんですよ。

吉田 そんなのあり（笑）。

中城 館長から直々《じきじき》の三段ですから、強いんですよ（笑）。

吉田 中城先生は、漫画家を志望していつ土佐から東京のほうへ出られたんですか。

描く側も、空手の訓練やっとかないと
描けないんじゃないかと……。
だから当然空手をやってらっしゃる
とばっかり思ってたんです。

類さんは、土佐の血が
入ってるのは間違いない。
『酒場放浪記』を見ると
これは高知だ！　と思うもの。
あの飲み方は。

中城　僕は十七歳で東京へ行きました。

吉田　何年ぐらい東京に？

中城　四十九歳まで東京にいました。四十九歳のときに天理教の教会長を拝命して、帰りましたから。そのときは、中城がおかしくなったとか、だいぶ言われましたよ。その後もインターネットにもずいぶん書き込みがあってね。おかしくなっちゃいないけど、熱心に教会長やってるわけだから、そう見えたのかもしれないけど。類さんはどうなんですか？

吉田　僕は小学校いっぱいまで土佐にいて、後はほぼ転々という感じです。

中城　僕も類さんもＤＮＡは土佐だね。

吉田　そうです。大体おおもとが土佐っていうのは、どっかへ出ちゃうのが多いんですよね。

中城　僕の伯母《おば》の口癖がね、「寂しいなあ」なんですよ。「どうして？」って聞いたら、「ろくなのが残ってない。いい男が一人もいない。いい男は全部出て行っちゃった」ってね。

吉田　ジョン万次郎とか、まああの人は漁師ですけど、ああいうふうに出て行って、まともになって戻ってくるっていうのが土佐ですね。

中城　そういうパターンが多いですよね。

吉田　それと、どういうわけか漫画家は圧倒的に土佐の人が多い。

中城　そうなんです。

吉田　はらたいらさんはもちろんそうで、黒鉄《くろがね》ヒロシさんもやなせたかしさんもそうだし、多いですね。

いごっそ、酒を語る

編集部　土佐の女性はお酒好きだとか、飲む量が多いっていうのは、あれは本当ですか？

中城・吉田　本当です。

中城　女性のほうが強いんじゃないですか。

吉田　一応、「ハチキン」って言って男四人前っていう話らしいんで。
編集部　土佐はやっぱり日本酒が多いですか？
吉田　ほとんど日本酒ですね。
中城　土佐は酒飲みが多いっていうのには理由があって、土佐の日本酒はライトなんですよ。量が飲める。
吉田　土佐では、とにかく甘い酒は駄目。元々広島杜氏《とうじ》が入ってたんで、甘口だったんですけど、土佐杜氏がこれじゃ売れないっていうんで、辛口に変えていったんです。淡麗辛口の代表が土佐の酒みたいなもんです。
中城　度数はそこそこあるんだけど味がライトなんだよね。
吉田　まあ辛口ですよ。辛くないとたくさんは飲めないっていうことですよね。
編集部　やっぱりお好きなのは日本酒ですか？
吉田　そうですね。味にそれぞれ個性があるんですよ。焼酎《しょうちゅう》は、普通のと高いのと、特別高いのとっていうぐらいの差ですけどね。あとは芋《いも》とそばの香りの違いとかぐらいで。それに比べれば、日本酒は数がもうめちゃくちゃ多いですから。今みたいに多いのは、たぶん日本酒の歴史始まって以来じゃないですか。昔は精米技術が今みたいでなかったので、どうしても雑味といっしょにお酒を造ってました。でも今はもうほとんど芯《しん》の部分だけですもんね。だから種類にしても、日本酒の歴史は千年以上続いていますが、全然違う時代に入ってます。一番贅沢《ぜいたく》な時代ですね。

中城　酒の話になっちゃいましたね。

吉田　いずれにしても、土佐はやっぱり酒の国であることは間違いないですね。

中城　類さんは、その土佐の血が入ってるのは間違いないですね。類さんの『酒場放浪記』を見ると、これは高知だ！　と思うもの。あの飲み方は。

吉田　あのまんまですから。

いごっその俳句

中城　土佐の人間のことを「あわ」って言うんですよ。「土佐のあわ」って。

吉田　「あわ」は、あのバブルの意味ですか？

中城　「あわ」ですよ。冗談が多いとか、何か煙《けむ》に巻くとか。「土佐のあわ」には何か、えも言われぬニュアンスが入ってるんですよ。土佐でテンションの高い人が時々いるんです。どうにもならんというやつが（笑）。あの番組でも類さん、テンションが高いじゃないですか。

吉田　いやあ、それは僕にぴったりですね。実は僕の辞世の句が「あわ雪の夢や旅路の果てなれば」なんですよ。

中城　あわ雪ですか。あわ雪に憧《あこが》れてるだけなんじゃないですか？

吉田　憧れてるだけならいいですけど（笑）。実際に泡だったりしてね。

中城　あわ雪ね、あわ雪のあわかもしれないね。いいなあ。

吉田　それこそ根無し草ですね。どういう孤独な末路をたどるか分かりませんが。

中城　旅路の果てが入ってるのがいいですよねえ。しばらく類さんの後を付いて歩いてみたいね。

編集部　類さんが俳句を作られるようになったのはいつごろからですか？

吉田　一番最初は小学校の時です。

中城　早いですね。

吉田　母親が句会をやってましたんで。

中城　高知も盛んですからね、俳句。

吉田　愛媛に近い山間部のほうは結構盛んなんで。けっこうお百姓さんの俳人とかいますよ。

中城　僕は、時々俳句の中の一言にほれちゃうんです。何でこんな言葉が出たの？　みたいな。久保田万太郎《くぼたまんたろう》の「短夜のあけゆく水のにおいかな」が好きなんですが、そのなかの「水のにおい」なんかもその一つです。

吉田　実際、水の匂《にお》いはみんな嗅《か》いでる、知ってるわけですけど、それを言葉へもっていくまではいかないわけですよ。食べ物なら匂いを表現できますけどね。

中城　そこなのよ。言い切って出すところがいいねえ。明けていく時に本当に水の匂いするんですよね。言われてそうだよなと気付くじゃないですか。気付かせる力がある。それに憧れるね。

吉田　その妙を楽しむのが俳句ですね。それを自分でも生み出していく喜び。これはハマったらやめられないですよ。

中城　そして、何か俳句って、誰もが持っている心の負の部分を癒《い》やすってことがありますよね。

吉田　本当は見せてはいけないものを見せてあげているようなもんですね。僕は、僕の句を読む人がそれを受け取って、それなりに俳句によって癒やされたりするんであればいいかなと思っています。僕の番組を見ている中年の方は「最後の俳句がいいね」ってまず声を掛けてくれるもんですから。ああ

自分のやってる仕事っていうか、
創作活動の源泉は
すべて旅にあるような
気がしますね。
——吉田

俳句には救いがあります。
一つの言葉に引かれる、
それは救われているんですよね。
——中城

そうか、役に立っているんだと思えますね。

中城　そういう意味で俳句には救いがありますよ。さっきも言ったように一つの言葉に引かれるっていうか、それは救われているんですよ。なんかこう分かるっていうか。

吉田　最近受けた僕の句にこんなのがあります。ものすごく大笑いしながら、若い女の子と一緒に飲んでたんですよ。それで、まあこんな楽しい酒っていうのはうらやましいなと思いながら作った俳句で、「笑い酒トマト転がるミニの膝《ひざ》」っていうのを作ったんです。

中城　いいなあ。

吉田　それって分かるんですよね。言葉で言ったって「これなに?」っていうことだけど、その言葉の奥にある、いわゆる行間で、そのイメージが分かるわけですね。別に笑い酒の説明でもなんでもないんだけど。

中城　声が聞こえてきますよ、笑い声が。

吉田　ミニをはいてたわけじゃないんですけど、その女性の若いはつらつとした感じを表現するのに「ミニの膝」にしたんです。

中城　俳句というのは、実は共鳴する時に、僕の気持ちを言ってくれてるってのがあるんですよね。でも、ＢＳテレビなんかの俳句の番組見てると、僕がいいと思った句がなかなか入らないんですよ。自分の感覚がずれてるのではと思っているんですけど。

吉田　俳句のとらえ方ですね。面白みとか軽さを重視する俳人もいれば、蕪《ぶ》村《そん》のように詩情とか詩的な心を大切にする人もいます。蕪村は絵も描きますからね。発想としては僕は蕪村が好きです。

中城　僕も好きなんです。

吉田　あの人も旅人ですよ。永遠と旅をしている。

中城　蕪村は不思議ですよね、あの江戸の時代に近代詩みたいな句を詠《よ》んでいる。何百年も先に進んで今の詩を書いているんですね。

吉田　彼の句は古くならない。江戸時代の人とは思えないですよ。

中城　そして、蕪村は俳句で絵を描いている。俳句が絵なんですね。絵が見えるんですよ、彼の俳句を読むと。

吉田　僕も絵を見て蕪村の俳句を思い浮かべますから。また逆に蕪村の句から絵が浮かぶんです。蕪村の句に「月天心貧しき町を通りけり」というのがあるでしょ、僕はその句から、宗教画なんですがルオーの町はずれの人影を描いている絵をハッと思い浮かべましたね。そっくりなんですよ情景が。

中城　俳句はいいですね。どんどんいい句が自然にできればいいのにね。やっぱり常に考えてないといけないんですかね。

吉田　レベルを一定にずっと保つっていうのはわりと難しいみたいで、芭蕉《ばしょう》でも年によったら数も圧倒的に少なくて、出来も全然よくないっていうことはありますよ。

中城　僕は、俳句がうまくなろうとは思ってないんだけど、詠めるようになりたいんですよね。俳句らしい俳句を。ちょっと勉強してみましょう。

いごっそが旅をする

編集部　類さん、辞世の句は別として、ご自分の句中で一番お好きな句はありますか。

吉田　やっぱりあれかな、流木かな。「来世は流木がいい鴨川原」ですかね。

中城　なるほど、いいねえ。

吉田　どっちへ転んでも……、流木を見ててふとそう思ったんです。ああ、そうかとか。

中城　やっぱり類さんは旅だね。今世も流木かもしれない（笑）。

吉田　本当に今世も流木みたいなもんですね、僕は。絶えずもう漂泊してるんですね。でもそれを前提としてるからといって、だから詩人なんだとは言いませんけど。

中城　ある意味でうらやましいなあ。

編集部　旅と俳句とお酒ってつながりますよね。

吉田　もう完璧に。

中城　そして旅は一人ですよね。

吉田　そうですね、やっぱりそういう作業っていうのは必ず孤独が一番の友達っていうか。おそらく自分のやってる仕事や、創作活動の源泉はすべて旅にあるような気がします。それはもちろん、空間的に移動する旅もあれば、人を好きになったり、またほかの人を好きになったりっていうようなことも、ある意味、精神的な旅といえば旅だし。ずっとそれをちっちゃいころから続けてるような気がします。

中城　続けてるんですね。類さんは、ずっと旅してるんですよ。そんな感じですね。

吉田　本音を言うと落ち着きたい、だから帰るところがほしいんですよ(笑)。昔ヨーロッパを旅してた時に一番何が恋しかったかっていうと、布団のぬくもりですよ。畳があって布団があってという。

中城　夜寂しくなるとふと思い出す？

吉田　そうです、そうです。だから今どっかそれを求めてるんですよ。もう酔っ払って、今、女の子なんかと一緒に飲んだら結婚しようってすぐ言っちゃうかもしれないですね。

中城　しれないね。いい傾向ですよ（笑）。

吉田　いやいや、それを覚えてりゃいいんだけど、次の日に電話がかかって、「あれっ、あんた誰？」って。

中城　それよくないですよ（笑）。

吉田　それがたまにあるんですよね。

中城　でもね、旅にはちゃんと終わりもあるんですよ。終わりがあって旅ですよ。行きっぱなしじゃね（笑）。

吉田　そうですね、やっぱり終わりがあると僕も信じてます。

中城　旅が終わったら、またちょっと行ってみようかってやればいいんですよ。僕は、旅行って一番いいなと思うのはね、やっぱり実生活よりはシンプルになるでしょ。

吉田　それはありますね。思考としてでかいところに住みたいとか思わなくなるんです。一部屋必ず書庫というか、本の部屋があるじゃないですか。そんなもんいらないし、まあ図書館のそばに行けばいいみたいに思って。物を収集するっていうことがもう全くなくなりましたね。

中城　どんなものでも持っていけないもんねえ。

吉田　引っ越しがしづらいんですよ。今はパソコンも軽くなったから、電話機とそれだけですよね。ほかは何もいらないっていう、シンプルにシンプルになっていますね。

中城　一概にシンプルとは言えないかもしれないけど、シンプルを狙う旅っていうのが本当の旅のような気がするんだよね。僕の『すきっと』の取材旅行もシンプルな旅をしてるんだけども、もっとシンプルにやってみたいという欲望にかられる時がありますよ。

編集部　シンプルの欲望にかられるっていうのはまさに俳句と一緒ですね。

中城　俳句だよね。だから旅なんだよ。旅と俳句なんですよね。
吉田　俳句はやっぱり切り捨ての文学ですから、とにかくそういう意味じゃシンプルになっていくというか、生活そのものもそうなってきちゃったっていう感じですね。これで結婚とかいろいろ考えちゃったら、余計なものを増やすことになりはしないかという心配があるんですけど。
中城　吉田類先生にも少し変化の兆しが見えてきた（笑）。
吉田　ここ天理は場所が悪いですね、里心がついちゃうから。はっきり言って、天理にお邪魔するたびにふとそんなふうに思うんです。里心がつくんですね。
中城　類さんね、シンプルもいいでしょ、旅もいいよ。でもね、家族もいいですよ。

初出一覧　※第三部は本書が初出です。

◎第一部
萩本欽一………『すきっと第7号』特集「夢【ゆめ】」
大林宣彦………『すきっと第3号』特集「遊【あそぶ】」
道場六三郎……『すきっと第6号』特集「造【つくる】」
藤ジニー………『すきっと第5号』特集「駈【かける】」
片岡鶴太郎……『すきっと第8号』特集「一歩前進」
藤山直美………『すきっと第9号』特集「殻をやぶる」

◎第二部
桂米朝…………『すきっと第7号』「この人に訊く◎スペシャル」
ドナルド・キーン『すきっと第8号』「この人に訊く◎スペシャル」
千宗室…………『すきっと第2号』「この人に訊く」
樋口久子………『すきっと第3号』「この人に訊く」
中島みゆき……『すきっと第4号』「この人に訊く◎スペシャル」
日野原重明・村上和雄『すきっと第10号』「スペシャル対談」

すきっとスペシャル・エディション
火《ひ》のように水《みず》のように風《かぜ》のように
生《い》きる人《ひと》たちのインタビュー集《しゅう》

2008年7月1日　初版第1刷発行

編　者　天理教道友社

発行所　天理教道友社
〒632-8686　奈良県天理市三島町271
電話　0743(62)5388
振替　00900-7-10367

TENRIKYO DOYUSHA

印刷所　株式会社　天理時報社
〒632-0083　奈良県天理市稲葉町80

ISBN978-4-8073-0531-5
定価はカバーに表示

すきっとした気分で暮らすために

すきっと skitto Back Number

Vol.1
特集……築【きずく】
外尾悦郎、池原義郎、篠原信一
村上和雄、山口良治、茂山千三郎…ほか

Vol.2
特集……活【いかす】
山内一弘、堺屋太一、中村紘子、千宗室
酒井田柿右衛門、藤原正彦…ほか

Vol.3
特集……遊【あそぶ】
大林宣彦、内館牧子、桐山親方
織田廣喜、樋口久子、金美齢…ほか

Vol.4
特集……華【はな】 売切
中村福助、横澤彪、渡部昇一、中島みゆき
森毅、石井英夫、平井伯昌…ほか

Vol.5
特集……駈【かける】
陳舜臣、兼高かおる、水谷八重子、
三浦雄一郎、井村雅代、藤ジニー…ほか

Vol.6
特集……造【つくる】
小川治兵衛、道場六三郎、旭山動物園
さいとう・たかを、山下泰裕…ほか

Vol.7
特集……夢【ゆめ】
林恭助、萩本欽一、ロッキー青木
桂米朝、鶴賀若狭掾、恩田昌史…ほか

Vol.8
特集……一歩前進
ドナルド・キーン、村田兆治、片岡鶴太郎
浜美枝、岡部まり、ジェフ・バーグランド…ほか

Vol.9
特集……殻をやぶる
ヒロ・ヤマガタ、藤山直美、塩川正十郎
赤井英和、佐々淳行、ヨゼフ・ピタウ…ほか

Vol.10
特集……オリジナリティー
角居勝彦、川淵三郎、北原照久
マークス寿子、日野原重明、安治川親方…ほか

Vol.11
特集……輝くとき
天野安喜子、滝田栄、水野正人
安宅みどり、田辺聖子、金田一秀穂…ほか

定価=500円(税込)
6月と12月の年2回発行
A4判/オールカラー/112ページ

天理教道友社
TENRIKYO DOYUSHA

道友社webストア
http://doyusha.net

注文受付 ☎0743(63)4713
☎03(3917)6501[東京支社]